国际海道测量组织

国际大地测量协会

1982《联合国海洋法公约》技术手册

A MANUAL ON TECHNICAL ASPECTS OF THE UNITED NATIONS CONVENTION ON THE LAW OF THE SEA - 1982 (TALOS)

能力建设第 51 号出版物　　第 6 版

Capacity Building Publications 51　　Edition 6

国际海道测量组织　国际大地测量协会　著

公衍芬　毕文璐　张建辉 等　译

毛　彬　审校

海洋出版社

2022 年 · 北京

图书在版编目（CIP）数据

1982<联合国海洋法公约>技术手册 ：第六版/国际组织著；公衍芬等译. —北京：海洋出版社，2021. 11
ISBN 978-7-5210-0831-9

Ⅰ. ①1… Ⅱ. ①国… ②公… Ⅲ. ①海洋法-国际公法 Ⅳ. ①D993. 5

中国版本图书馆 CIP 数据核字（2021）第 210649 号

1982《联合国海洋法公约》技术手册
1982《LIANHEGUO HAIYANGFA GONGYUE》JISHU SHOUCE

策划编辑：任　玲
责任编辑：林峰竹　任　玲
责任印制：安　森
海洋出版社　出版发行
http：//www. oceanpress. com. cn
北京市海淀区大慧寺路 8 号　邮编：100081
鸿博昊天科技有限公司印刷　新华书店总经销
2021 年 11 月第 1 版　2022 年 6 月北京第 1 次印刷
开本：787mm×1092mm　1/16　印张：10. 75
字数：239 千字　定价：88. 00 元
发行部：62100090　邮购部：62100072　总编室：62100034

《1982〈联合国海洋法公约〉技术手册》翻译组成员名单

公衍芬　毕文璐　张建辉　李金蓉

罗婷婷　桂　静　范晓婷　孙瑞杰

译者的话

1982 年 12 月 10 日在牙买加蒙特哥湾开放签字的《联合国海洋法公约》(以下简称《公约》)为建立国际海洋新秩序提供了最基本的法律文件，然而，在执行《公约》时会涉及一些具体的技术问题，为此《公约》赋予一些专门机构为执行《公约》提供技术咨询的职责。

国际海道测量组织积极响应上述号召，于 1985 年成立了海洋法技术问题工作组，以编制一本关于《公约》技术问题的专门出版物。1988 年，工作组完成了这一专门出版物第 1 版的编写出版工作，之后，经过多次修订，于 2020 年 5 月出版了《1982〈联合国海洋法公约〉技术手册》(以下简称《技术手册》)第 6 版。《技术手册》作为《公约》指定的一个专门机构的正式出版物，具有重要的法律地位。

本《技术手册》论述的是海洋法、大地测量学、海道测量学和海洋地球科学等学科之间的相互作用、相互影响，包括大地测量学、海图、基线、外部界限、双边边界等内容。它提出了一系列技术问题，这些问题的理想解决将是相关国际法在海洋划界中有序实践的关键。对于我国从事海洋划界理论研究和划界实践的技术人员，尤其是对于参加海洋划界谈判和决策的人员来说，具有极大的参考价值。

为此，国家海洋信息中心组织相关人员进行编译，经与国际海道测量组织（IHO）沟通，获得《技术手册》第 6 版中文版在中国出版发行的授权(IHO 文件号 S1/0802)。本书翻译和出版过程中得到了自然资源部国际司的大力支持，外交部条法司、交通运输部海事局提出了宝贵建议，国家海洋信息中心领导崔晓健和李双建高度重视，在业务处领导赵锐组织协调下，基于《技术手册》第 5 版中文版（2020 年 10 月出版）编译工作成果，翻译组成员认真研究《技术手册》第 6 版各部分内容，顺利完成了相关工作。公衍芬负责全书统稿，并对序言、第 1 章、附录进行翻译和整编，其他章节的翻译工作分别由张建辉（第 2 章和第 6 章）、毕文璐（第 3 章）、桂静（第 4 章）、罗婷婷（第5章）负责，李金蓉对全书图件进行了编译和处理。原中国大洋协会秘书长、原中国常驻国际海底管理局副代表毛彬研究员对全书做了审校。同时，本书得到“国家自然科学基金面上项目——《联合国海洋法公约》框架下典型地理实体识别及划界作用研究（42076204）”和“国家重点研发计划项目课题——我国海洋划界决策支持系统研制与集成应用（2017YFC1405505）”资助，在此一并表示感谢！

由于译者水平有限，不妥之处在所难免，欢迎指正。

译者

二〇二一年一月

序　言

《联合国海洋法公约》（以下简称《公约》）于 1982 年 12 月 10 日在牙买加蒙特哥湾开放签字，标志着于 1973—1982 年间召开的第三次联合国海洋法会议结束。《公约》在第六十份批准书或加入书交存联合国之日起 12 个月后，于 1994 年 11 月 16 日正式生效。

虽然对会议所取得的成就或是《公约》将来对人类的影响已无需赘述，但我们需注意一点：1982 年《公约》综合了 1958 年在日内瓦签署的关于海洋法方面的《领海与毗连区公约》、《公海公约》、《捕鱼与养护公海生物资源公约》和《大陆架公约》4 个公约。此外，1982 年《公约》320 个条款和 9 个附件涵盖了许多受关注的新领域，其中包括深海海底环境及资源的保护与养护等。

对于 1982 年《公约》所涉及的各个方面，海道测量工作者尤其关注的是处理海洋划界、海洋科学调查的实施和促进以及海洋技术的发展与转让等相关条款。非常明确的是，国际海道测量组织与政府间海洋学委员会将在《公约》执行的技术问题方面发挥一定的作用。1983 年 7 月，Bernardo ZULETA 大使、Jean-Pierre LEVY 先生（联合国官员）、Frank FRASER 海军少将（国际海道测量局主席）、O A A AFFONSO 海军中将（国际海道测量局局长）、Mario RUIVO 博士（政府间海洋学委员会执行秘书）和 Desmond SCOTT 先生（全球海洋通用制图计划秘书）组织召开了一次会议，如国际海道测量局第 28/1983 号通函中所提及的那样，国际海道测量组织被邀请就基线和大地基准点方面提供技术咨询和信息。

第一版

为履行其责任与义务，国际海道测量局主席提出了成立一个工作组来编写一本关于《公约》技术问题的国际海道测量组织特别出版物的倡议。国际海道测量局在其第 37/1984 号通函中向成员们发出了参加该工作组的邀请，并在其第 16/1985 号通函中宣布工作组由 12 名成员组成，适时成立了海洋法技术工作组（工作组成员见附录 4）。

在 1985 年 10 月 2 日至 4 日的第一次工作组会议上，已故海军少将 FRASER 同意担任主席。会议一致同意《技术手册》应按照以下结构编写：

（1）引言：阐述手册的适用范围；

（2）海洋法相关海道测量术语与概念一览表，包括一般性质的图示说明；

（3）可能的实际应用：外业工作、制图工作与计算，以及关于计算机程序的附录内容；

（4）附有注释的参考目录：该部分将不需征得国际海道测量组织的认可，只是简单列出已发表的文献以及不同国家完成的工作等。

1986年，上述（2）项的相关工作成为了第一部分——词汇表，而（3）项的附录变成了附录2——计算机程序。后者是在日本的监督下完成的。（3）项的相关工作变成了第二部分——实际应用。法国和意大利承担了第二部分的最初工作，国际海道测量局顾问为第一部分和第二部分提供了帮助并进行了编辑。

之后，在摩纳哥进一步召开了三次工作组会议。1987年4月1日至3日召开的第二次会议，审议了词汇表的第一版草案。1988年4月27日至29日召开的第三次会议完成了词汇表的编写工作，开始着手对第二部分进行修订，并认为第三部分——计算机程序作为附录应再稍扩展一些。在1989年5月22日至24日召开的第四次会议上，审阅了第二部分——实际应用。

第二版

1989年，国际大地测量协会成立了关于海洋法大地测量方面的特别研究小组。鉴于该小组具有较强的专业性，1990年5月16日至18日在摩纳哥召开的第五次会议上，海洋法大地测量方面的特别研究小组被邀请加入海洋法技术问题工作组。会议决定在任何适当的时候，本手册内容都可以参考由国际大地测量协会特别研究小组编写的关于大地测量应用的报告，该报告将为本手册的读者提供大地测量方法应用方面的更多信息。因此，会议决定删除关于椭球体表面角度与距离计算的附录。此外，考虑到要与最近出版的第四版《水文词典》（S-32）保持一致，决定对1988年单独出版的第一部分——词汇表进行修订。

第三版

由于计算机程序相关信息的更新速度非常快，所以决定在第三版中删除附录2——计算机程序。

第四版

2002年末，国际海道测量组织/国际大地测量协会/政府间海洋学委员会关于海洋法海道测量、大地测量及海洋地球科学问题的海洋法咨询委员会（现在其职责范围还包括海洋法技术问题手册的审议与更新）决定成立一个编写小组来起草第四版《技术手册》。编写小组于2003年10月23日至24日国际海道测量组织和国际大地测量协会海洋法咨询委员会第三次会议前在国际海道测量局会合，并推选来自加拿大的Ron Macnab担任主席。编写小组的第二次会议于2004年3月29日至30日在国际海道测量局召开。

会议认为，第四版《技术手册》主要采取数字出版，并将以非专业读者为目标。随着交叉引用和超链接的广泛使用，数字出版变为可能，其将成为专家用户第一个有用的参考点。会议决定将第三版手册附录1中关于“海图”的资料包含到主要章节中，并进一步将国际海道测量组织在1996年作为一个单独附录来出版的《海洋法技术问题手册大地测量问题注释》（主要由P Vaníček起草）中的资料写入手册。关于“外部界限”的章节将包含一个对《公约》第七十六条所涉及的专业术语的回顾。最后，达成共识，认为应该增加一个关于“电子方法”的新章节，反映自1993年第三版出版以来计算和电子数据的大量增加。

第五版

在第四版手册发布使用 4 年后，海洋法咨询委员会成员认为已出版的某些部分需要更新。所以，2010 年新的编辑小组成立，确定了更新范围并制订了第五版的编写计划。该小组成员在附录 4 中列出。

回顾旧版本，编辑小组确定第 2 章（大地测量学）最需要进行大量修订，以便更好地反映目前在测量和卫星定位方面的理论和实践。为此，这一章已经重新编写。

建议对第 4 章和第 6 章（分别为基线和双边边界）进行微调和补充；建议对第 3 章和第 5 章（分别为海图和外部界限）进行修改，但是由于日程问题，推迟在下一个版本中执行。

与之前的版本有很大不同，手册中精选的插图已经被 Clive Schofield（卧龙岗大学）和 Andi Arsana（加札马达大学）以动画的形式呈现出来，以便更好地解释某些概念和程序。在插图标题中恰当的位置给出了国际海道测量组织的网站链接，可以由此访问动画。

第六版

第五版《技术手册》完成和发布后，为反映《国际海上人命安全公约》第 5 章中对电子海图配备要求方面所做的修订，意识到对于第 3 章中海图和投影两部分内容还需要开展相关工作。第六版包含第 3 章的综合修订，强调电子海图和纸质海图的应用。在本版编写过程中，尽可能地使附录 1 术语表与国际海道测量组织公开出版物 S-32——《水文词典》一致（IHO GI 注册中心确保术语的一致性）。

免责声明

在《技术手册》的编写过程中，编者努力使资料和建议与 1982 年《公约》的规定相一致。但是，其中一些条款很复杂，并有不同的解释，因此，在某些情况下，所提供的信息和建议在实际应用中会导致意想不到的结果，编者不承担相应的责任。任何情况下，强烈建议读者参考 1982 年《公约》文本，并在条款执行过程中征求权威建议。

文中提及的条款指的是《联合国海洋法公约》中的条款

符号

敏锐的读者会注意到整个文本中的某些符号可能不符合常规，这反映了本手册的跨国性质，不同国家的编者使用特定的语言字体，从而对符号的表示有所不同。

目　录

第1章　简　介

1.1　简介

1982年《联合国海洋法公约》（以下简称《公约》）是一部综合的、涵盖广泛的国际法，旨在为全人类的利益而规范全球海洋的利用。很多科学与技术方面的因素影响着《公约》的实际应用，正如《公约》也影响着海洋科学与技术的实践活动。本《技术手册》论述了海洋法、大地测量学、海道测量学和海洋地球科学等学科之间的相互作用和相互影响，提出了一系列技术问题，而这些问题的理想解决将是相关国际法在海洋划界中有序实践的关键。

本章是对海洋法的一个概述，科学和技术活动将在本《技术手册》其他部分详细论述。

1.2　海洋法和《联合国海洋法公约》简史

1.2.1　1982年之前

世界海洋划下的第一条界线是罗马教皇亚历山大六世在1493年颁布的通谕。他宣布以亚速尔群岛和佛得角以西100里格①的子午线为分界线，分界线以西的岛屿及大陆归属西班牙，以东的岛屿及大陆归属葡萄牙，前提是基督教君主没有实际占有这些领土。

1494年，西班牙和葡萄牙两国签署《托尔德西里亚斯条约》，将该子午线向西调整到佛得角群岛以西370里格处。1529年，西班牙和葡萄牙两国又通过《萨拉戈萨条约》分割了"东方海域"，将一条贯穿澳大利亚中部的子午线定为分界线，以东是西班牙领土，以西是葡萄牙领土。

在英国，英格兰詹姆士一世于1604年发表"领土宣言"，声明将英格兰与威尔士周边海域连同27处海岬用直线圈闭起来，并声称相关海域处于国王的统治之下。这些声明的相关图解可参见Francalanci和Scovazzi编著的《海洋界线》一书。

相比早期对海上控制权的主张，17世纪初格劳秀斯的专著《海洋自由论》中就已经论及了海洋自由权益。该著作力图论证贸易自由的权益，并作为对葡萄牙在"东方海

① 里格为航海中计程，1里格约等于3海里。

域”所主张权益声明的直接挑战而印刷出版。

这样，在17世纪时就已形成了两大阵营（分别主张沿岸国家控制和海洋自由）并且延续至今。但是，两大阵营都承认沿岸国家的确对靠近其陆地领土的海域享有控制权，如有必要还可使用武力。因而被人们所知晓的“大炮射程原则”就是以海岬或其他海角上大炮的射程来界定近岸海域的控制范围。这又反过来发展成为普遍共识：海岸周边的海上联盟处于海岸所属国的控制之下。

第一次世界大战后，为解决沿岸国海上空间的界定问题，国际社会认识到有必要开展国际海洋法规的编纂工作。于是，1930年国际联盟在海牙组织召开会议，讨论沿岸国家领海控制及公海自由相关法律的编纂问题。虽然由于渔业方面存在的政治上的敏感问题，这次会议没有形成任何条约或协议，但一致认为可以在稍晚些时候再次召开相关会议。

第二次世界大战结束后，联合国成立，其较早的一项工作就是再次关注国际海洋法规的编纂问题。国际法委员会负责海洋法相关条约各条款的起草工作。委员会于1950年着手开展相关工作，1956年将其工作成果提交给联合国大会。

与此同时，1942年，领海以外的第一条海上分界线在委内瑞拉与英国（代表特立尼达和多巴哥）之间诞生。此举还确立了对已占有的大陆架的权利。1945年杜鲁门的《大陆架公告》宣称，一个国家对其陆地领土向海洋延伸100英寻[①]之内的大陆架享有控制权。在拉丁美洲，墨西哥和其他一些国家纷纷仿效。1947年6月23日，智利宣布对邻近其海岸200海里[②]距离的海洋和大陆架拥有主权和管辖权，在这一方面迈出了具有深远影响的第一步。根据谈判的法律文书记录，1947年8月1日，秘鲁颁布了类似的781号最高法令；厄瓜多尔于1952年8月18日发表了《海洋区域宣言》或者称《圣地亚哥宣言》，于1954年12月4日在利马签署了一项特别海上边界协议。

海洋法方面的发展还包括1951年国际法院对英国与挪威关于采用直线基线法来计算领海宽度的案例。国际法院最后支持了挪威的主张，因此也就宣告了在特殊地理条件下这种类型的基线是合法的。

1958年，联合国在日内瓦召开了第一次海洋法会议。出人意料，会议通过了4个公约而不是一个公约，这是第一次把海洋法编纂成法典。可以说这些公约的一些内容是渐进式的，将随着海洋的逐步发展根据习惯法进一步改进。这4个公约是：《领海与毗连区公约》、《公海公约》、《捕鱼与养护公海生物资源公约》和《大陆架公约》。每一个公约需要被分别批准，并且从开始就没有被普遍接受。

有45个国家批准了《领海与毗连区公约》，但在这些区域的宽度问题上尚未达成一致。这就需要召开第二次海洋法会议来解决这一问题。1960年，联合国召开了第二次海洋法会议，但会议仍然没有就领海宽度问题达成一致意见。在全体会议上，6海里领海附加6海里毗连区的提案也因一票之差而未获得通过。

---

① 1英寻=1.828 8米。

② 1海里=1 852米。

《公海公约》在很大程度上是一个成功的案例，共有56个国家批准了这一公约。该公约的很多内容时至今日依然有效，并且在目前的《公约》中得到体现。

《捕鱼与养护公海生物资源公约》并不成功，只有35个国家批准了该公约。

《大陆架公约》非常成功，获得了53个国家的批准。该公约授权各国从20世纪60年代早期开始就可以对其海床的非生物资源进行勘探开发。此外，具有重要意义的是，该公约的表述明确了大陆架是指邻近海岸（原公约：大陆架是指邻近海岸但在领海之外——译者注），其上覆水域深达200米或虽超过200米水深仍可开采其自然资源的海底区域的海床及底土。因此，该公约的规定实际上是开放式的。

20世纪60年代到70年代，几个海洋法问题得到进一步发展。单边领海宽度延伸的主张（一些已达到200海里）引起了试图维护公海自由国家的关注，而其他国家宣称这种延伸维护了他们在资源方面的权利。渔区从20世纪50年代的12海里逐渐延伸到20世纪70年代中期的200海里。这在某种程度上要归因于1958—1976年英国与冰岛之间的3次“鳕鱼战争”。在此期间还有几件关于划界问题的法庭案例，包括1969年德国、荷兰与丹麦间的北海大陆架案和1977年英国、法国西部海峡仲裁案等。

这一时期最重大的发展可能就是世界深海海盆锰结核的发现。由此人们担心主要工业化国家为了自己的利益而开采利用这一巨大的矿产资源。为防止这种情况发生，1967年马耳他常驻联合国代表Pardo大使在联合国大会上提出，深海资源应以全人类的利益为前提进行开采。这也引发了第三次联合国海洋法会议的相关讨论。

联合国大会成立了海床委员会来调查研究这一问题，并且很快发现有必要对现有的日内瓦4个公约进行整体考虑。第三次联合国海洋法会议于1974年在加拉加斯开始了这项工作，并成了《公约》起草过程中的一项重要活动。《公约》于1982年12月10日正式开放签字。

第三次联合国海洋法会议的相关工作由3个主要的委员会负责。第一委员会负责起草深海海床相关的条款，包括这些条款的实施机制；第二委员会主要负责传统的海上区域与航行相关规定，同时还包括对“专属经济区”和“群岛国”这两个新概念的介绍。第三委员会负责对海洋科学研究的复杂区域和海洋环境的保护与维护制定相关条款，以及其他相关规定。而上述委员会产生的结果由第四委员会转换成各种谈判案文。

历时约8年且陆续召开了11期会议的第三次联合国海洋法会议所取得的成果，被大多数人认为是联合国迄今为止最重要的成就之一。

1.2.2　1982年之后

1982年《公约》应自第60个国家向联合国秘书长交存批准书或加入书之日起的一年后正式生效。虽然到20世纪90年代初第60份批准书就已完成交存，但当时已批准《公约》的大多数国家都是发展中国家。

导致这种情况的原因在于《公约》中关于深海海底采矿的规定。当起草并通过这些条款时，世界经济中的主要行业很大程度上都是归由国家所有并运行。而这种情况在20

世纪70年代末和80年代发生了改变，开始向有着完全不同需求的私营跨国公司方向发展。《公约》第十一部分关于深海海底采矿的规定已不能像其所起草的那样发挥作用。国际社会，特别是联合国秘书长所面临的问题是：如何在不改变《公约》的前提下对这些条款进行修改。由于一个《公约》不能被选择性地认可或应用，所以如果第十一部分按照传统意义需要重新起草的话，那么整个《公约》也应进行修订。这将危及就国家管辖与航行自由问题之间达成的一揽子协定，而这也是不能为国际社会所接受的。

为解决这一问题，联合国秘书长组织工业化国家和那些已经批准了《公约》的国家召开了一系列会议。用来解决问题的时间并不多：第60份批准书于1993年11月16日交存，对于那些已经批准的国家来说，在《公约》正式生效之前达成一个协议是必不可少的。1993年夏初，一个具有灵活性和创造性的解决方法出现了，联合国大会组织召开了一次特别会议来讨论商定这一解决方法。这一解决方案最终达成，《关于执行〈联合国海洋法公约〉第十一部分的协定》于1994年7月28日开放签字。

这一做法使绝大多数工业化国家签署批准了《公约》。截至2010年6月，共有160个国家已经批准或加入了《公约》——这是一项卓越的成就。

1.3 《公约》组成及相关协定

《公约》包含17个部分共320条以及9个附件，《关于执行〈联合国海洋法公约〉第十一部分的协定》共由10条和9个附件构成。

《关于养护和管理跨界鱼类种群和高度洄游鱼类种群的协定》于2001年12月11日正式生效，包含13个部分共50条，以及两个附件。

关于《公约》及相关协定的内容和情况等详细信息，可访问联合国海洋事务和海洋法司（DOALOS）的网站：http：//www. un. org/Depts/los/index. htm。

1.4 《公约》的技术问题

本节定义了大地测量、海道测量和地球科学等学科的大致目标，并列出了这些学科与《公约》的相关性。

1.4.1 大地测量学

由古希腊人开发的理论及应用几何学，后来被称为大地测量学（出自希腊语），作为天文学的一个分支用来确定地球的大小和形状。今天的大地测量学在广义上是与定位、重力场绘图和地球动力学等相关的一门学科。

大地测量学可在全球、区域与局部地区等层面进行研究，每个部分都需要其特有的理论和方法。在局部地区这个层面上，大地测量通常指的是平面测量。大地测量学还可被分为大地测量（自然）学（地球科学的一部分）和大地测量工程学。大地测量学包括重力测量、物理大地测量、椭球面大地测量、全球和区域大地测量网等学科，而大地测量工程学包括陆地测量、地形图测绘、海道测量、矿山测量和地球空间信息等。

一般来说，大地测量学以全球层面为主导，而大地测量工程学与区域和局部地区的任务和方法相关。然而卫星大地测量工具的出现，如全球定位系统或更普遍的全球导航卫星系统，已或多或少地抹掉了大地测量全球与局部地区方法之间的界线。这暗示了全球参考系的垂直水平应用以及精密观测与计算方法局部应用的发展趋势。例如，国际大地测量协会鼓励国际大地测量参考系和国际大地测量参考框架的使用，国际大地测量参考框架包括精确测定固定点的全球网络，以及为测绘和其他应用建立的地方和国家地理空间网络。

1.4.2　海道测量学

海道测量学被国际海道测量组织定义为：应用科学的一个分支，涉及海洋与沿海地区各种特征的测量与描绘，主要目的是服务于航海及其他所有海上用途和活动，特别包括近海活动、研究、海洋环境保护和预报服务。

因此，海道测量学涉及确定海洋/海底构造所需要开展的所有活动。除了测量海底深度外，海道测量学还包括其他多种测量，例如潮汐、水流、重力、磁场强度以及水柱和海床的物理、化学和结构属性。

海道测量的步骤可以归纳为：

（1）通过在海上和沿岸系统地开展测量与勘查，采集以下相关的地理参考数据：

——海岸形态，包括服务于海上航行的人工设施（航标和港口布局）；

——水深，包括所有可能造成航行风险及其他与海上活动相关的事项；

——海床的构成；

——潮汐、潮流和水流；

——水柱的物理和化学性质。

（2）这些信息的处理目的是建立有序的数据库，以便服务于专题图、海图的制作以及其他各种活动的记录，特别包括：

——航行安全（包括交通管制和分道通航制）；

——海军行动；

——海岸管理与防御；

——海洋环境保护；

——海洋资源开发与海底电缆/管线的铺设；

——海洋界线的界定（海洋法的实施）；

——海洋与近岸地区的科学研究。

1.4.3　海洋地球科学

海洋地球科学研究的是构成海岸带、海床和海底结构的物质，以及影响这些物质的过程。海洋地球科学涉及沉积物与非沉积物的组成与分布，以及它们的形成机制。除了直接采样与测量外，其调查技术还包括通过遥感观测（声音信号的传输、重力场、磁场测量）来确定那些无法直接测量的构造的物理和化学特征。

海洋地球科学涉及的范围从原子到行星。通过研究不同时间尺度（跨季节甚至跨年代）下区域环境的发展变化，有助于解释岸线和海底的形状及其变化。代表着局部地区航行危险的沿岸和海底特征在很大程度上可理解为是地质和构造演变过程的结果。这些实体的特征不仅可以影响海洋界线的确定，还会影响到某些分界线的形状，乃至影响航行的难易程度以及资源的开采。

根据《公约》第七十六条（见第 5 章）规定，海盆构造历史及结构的正确评价对确定大陆架外部界限至关重要，对《公约》第六部分和第十一部分（分别为“大陆架”和“区域”）提到的海底非生物资源的性质、分布与价值的理解也很有必要。

第 2 章　大地测量和定位

2.1　简介

在 19 世纪末期，大地测量学被定义为“测量和绘制地球表面的科学”（Helmert，1880）。由于地球表面在很大程度上由重力场形成，并且大多数大地测量直接或间接地依赖于该重力场，所以大地测量的定义包括确定地球表面的重力场。此外，由于大地测量技术的进步，尤其是各种空间大地测量技术的改进，大地测量的传统定义已经扩展到包括地球表面形状及其重力场的时间变化。也就是说，大地测量已不仅仅与三维定位和制图有关，还与确定地球几何形状及其重力场的时变分量有关。在这个扩展后的定义中，大地测量既是地球科学的一部分，又是一门工程科学（包括测绘、制图和导航）。它可以从实用角度进一步划分为“全球大地测量学”和“大地测量高精度定位”。在过去 20 年中出现了一个明显趋势，即建立独特的全球模型，并采用本地或国家基准点和参考面，其衍生或关联于全球参考框架和重力场解。

2.2　现代空间大地测量学

随着时间、空间分辨率及精度的提高，人们应该认识到地球观测的重要性：其不仅能够促进对地球的科学认识，能作为地球表面和海底及其附近地貌的制图基础，还能支持基本的社会活动，如管理自然资源、环境保护、减灾和应急响应（Grejner-Brzezinska and Rizos，2009）。尽管在本节中没有进一步探讨大地测量的后一种应用，但有必要提请诸位注意“现代大地测量学”的各种特性，鉴于空间大地测量技术的强大支撑能力，如今大地测量的主要任务已发展为：定义和维护精确的几何和重力参考框架、模型，并为用户提供高精度技术以连接到这些框架。

国际大地测量协会（IAG）为所有主要卫星大地测量技术建立服务（IAG，2012）：国际全球导航卫星系统（GNSS）服务（IGS）、国际激光测距服务（ILRS）、国际甚长基线干涉测量服务（IVS）、国际星载多普勒无线电定轨定位系统（DORIS）服务（IDS）、国际地球自转和参考系统服务（IERS），以及国际重力场服务（http：//www. igfs. net/）。这些服务产生了大量产品，包括精确的卫星轨道、地面站坐标、地球自转和方向值、重力场量和大气参数。尤其是对于海洋法事宜，大地测量学的贡献是，确定国家和国际基准与大地水准面，以及基于 GNSS 的精确定位。

2.2.1 国际地球参考系统

虽然现代大地测量学具备一系列空间技术以绘制和监测固体地球表面和海洋的几何形状及其重力场，但大地测量学的基本作用仍然包括确定地球和天球参考系统。这些参考系统为制图、导航、空间数据采集和管理等实用大地测量实施提供了基础，也支持了与地球动力学研究和地球科学相关的科学活动，特别是支持了全球变化研究（Grejner-Brzezinska and Rizos，2009）。

在三维空间中，各点的位置最便利的描述方法是基于笛卡尔坐标：X、Y 和 Z。自太空时代开始以来，这种坐标系通常是“以地球为中心的”，其中 Z 轴与地球的协议轴或瞬时旋转轴对齐。由于地球的地心或质心位于卫星轨道椭圆的一个焦点上，所以对于由基于卫星的大地测量方法定义的坐标系而言，该点是其自然起源。然而，直到 20 世纪 80 年代，人们才首次使用全球定位系统（GPS）建立和/或革新国家大地测量基准。在这之前，各国家基准都不是以地球为中心的。

国际天球参考系统（ICRS）构成了描述天球坐标的基础，国际地球参考系统（ITRS）则是以尽可能高的精度定义地面坐标的基础。这些参考系统的定义包括：其各条轴的方向和原点、比例、物理常量和其实现模型，例如，近似大地水准面的“参考椭球体”的大小、形状和方向（参见第 2.2.2 节）和地球的重力场模型。ICRS 和 ITRS 之间的坐标转换由一系列旋转来描述。这些旋转解释了进动、章动、格林尼治真恒星时和极移，而它们又共同解释了地球自转轴方向和旋转速度的变化。

虽然参考系是一种数学抽象概念，但其通过大地观测得到的实际实现被称为“参考框架”。ITRS 的惯例实现是国际地球参考框架（ITRF），它是各处明确确定的基础地面站的一组坐标和线速度（后者主要归因于地壳变形和板块构造运动）。就 ITRF 而言，这些地面站是 IGS、ILRS、IVS、IDS 地面网络，IERS 通过在这些点采集的空间大地测量观测数据，计算和发布其坐标和线速度（2012）。地球的固体表面（包括海底）由许多大型构造板块（以及许多边界定义不太明确的较小板块）构成，这些板块在与其他板块碰撞的过程中，在整个岩石圈中滑动（图 2.1）。虽然板块的速度可以高达每年 1 分米或更高，不过相对于固定坐标框架，典型的构造板块每年仅运动大约几厘米。该框架通过 ITRF 的固定轴实现——以反向方式定义，使用大地测量技术通过跟踪各固定轴相对于地球（移动的）地壳的方向，并跟踪笛卡尔系统原点相对于（移动的）地心的位置。

自 1989 年以来，ITRF 有几种不同的实现，分别被定名为 ITRF yyyy，其中 yyyy 指的是发布年份。自 1997 年以来，yyyy 通常也指站点坐标和速度的参考历元。最初国际地球参考框架实现每年一计算，不过自 1997 年以来，IERS 开始以 3~5 年的间隔发布新的 ITRF 实现，最新的是 ITRF 2008（2012）。虽然 ITRF yyyy 每次更新都会有更高的内符合精度，并且比前一个 ITRF yyyy 包含更多的基础地面站坐标和速度，但不同 ITRF 之间地面站坐标的主要差异反映了两个框架的参考历元之间地壳变形和板块构造导致的站点运动。地面站的线速度可用于推算该站之前或之后的坐标（参见第 2.3.2 节）。

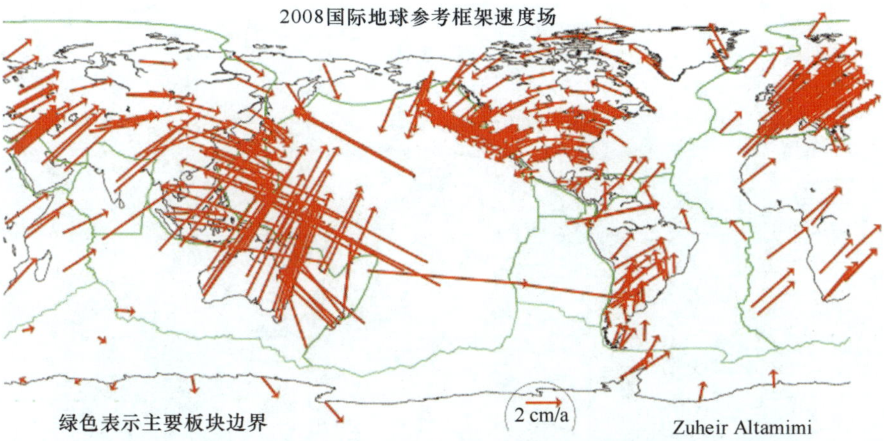

图 2.1　估算速度下地球构造板块的全球模型（ITRF 2008，2012）

现代基准（或用来测量相对位置的参考面）是用全球、本地或国家基本站网络的瞬时 3D 坐标［或如果仅使用纬度和经度来定义椭圆体上的水平位置，则使用 2D 的（参见第 2.2.3 节）］确定的。它可能与 ITRF yyyy 参考框架处于同一历元年，也可是任意历元。请注意，今天使用诸如 GPS 和 GLONASS 等全球导航卫星系统（GNSS）技术，计算任何地面站在测量瞬时历元的地心参考框架（例如 ITRF）下的坐标，要相对容易一些。但是，即使基准实际上以当前的 ITRF 实现为基础，坐标仍须转换至基准系统，因为历元年不同。将在第 2.3 节进一步讨论基准。

2.2.2　大地水准面

大地水准面一词用于表示与平均海平面（MSL）相符，但不完全相同的特殊的重力等位面。地球质量产生的引力和地球自转产生的离心力共同构成了地球重力场。如果可以自由调整这两种力的合力，那么海洋延伸包围整个地球形成的表面就与平均海平面一致。

虽然上面的定义参考了海平面，但从概念上讲，大地水准面可延伸至大陆下，并与最佳拟合椭球体在垂直距离上有最高 100 米左右的差异（图 2.2）。除了海图上的水深点参考基准为低潮面，其他制图中使用的高程参考面为大地水准面。因此，大地水准面通常被称为垂直基准，从它起算的高度通常指平均海平面以上的高度。在实际实现中，通常将沿海所设验潮仪处的平均海平面作为覆盖区域的垂直基准。由于海面地形（SST）存在，这种方法存在一些固有误差，海面地形可能达到 1 米以上，并且会随着位置和时间而变化。由于多空间效应、风或潮汐影响，静止平均海平面并非重力等位面，由此产生了海面地形。此外，局部平均海平面是通过间接方法确定的，即通过分析特定时间段内的一个或多个地点的验潮仪记录来确定，因此局部平均海平面在该时间段内默认有效。不过实际上，平均来讲，平均海平面非常接近大地水准面。

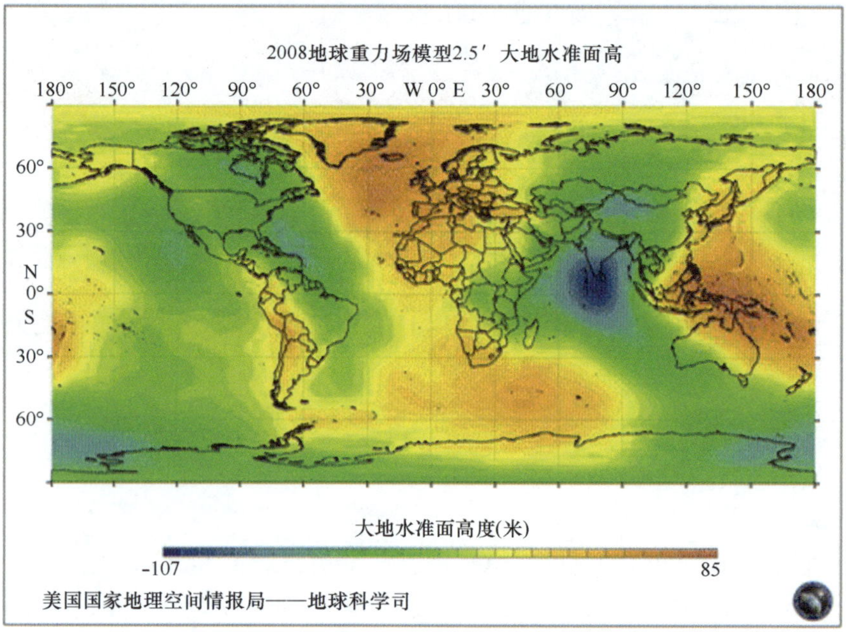

图 2.2 地球重力场模型 EGM2008 大地水准面高，结合以下数项得出：主要采集于陆地上的地表重力数据，海洋卫星测高，以及多个近地卫星轨道扰动的观测值分析（EGM2008，2012）

注意，在一些测量圈中，垂直基准这一术语用于表示任选原点的控制点、水准点或水准点网络。这种用法有些令人困惑，在海图、海洋基准或潮高系统方面的讨论中应避免使用。当然，大地水准面不是海洋应用中实际使用的唯一垂直基准。第 2.4.1 节讨论的海图基准是用于航海图的垂直基准示例。IAG 正在研究世界高程基准的其他定义及其在实践中实现的方法（参见第 2.4.2 节）。

在讨论大地水准面本身之前，我们先来回顾一下大地测量中使用的两种基本的高程定义。正高是在测量实践和陆地测绘中使用的标准高度。任意一点的正高定义为大地水准面和该点间铅垂线的长度。因此显然，位于大地水准面上的任何点的正高均等于零。如果需处理物理定律起主导作用的现象，则需要使用力高。例如在水文查勘中会遇到这样的情况。力高的定义方式是所有点都在同一水平面上。因此，地球重力场等位面上的所有点都具有相同的力高。如果一点的力高大于另一点，则流体将从较高点流向较低点。而正高就不是这种情况。位于大地水准面上的任何点的力高也等于零。读者如有兴趣了解如何将外业测量获得的水平高差转换为正高或力高，请参考 Vaníček 和 Krakiwsky（1986）的标准大地测量学教程。第 2.3 节介绍了另一种高程，即大地高或椭球高，椭球高的平面基准是参考椭球体，通常用于将 GNSS 产生的 3D 笛卡尔坐标转换为纬度、经度和大地高系统（图 2.6）。

大地水准面可能是大地测量学中最重要的表面。大地水准面的计算主要使用两大类技术，相应地有两类结果可用：全球解和区域解。全球解可用于涉及许多函数及其球谐系数的方程，而区域解通常由地理网格上的数值给出。这两种情况下，大地水准面均由在各点处的大地水准面高或大地水准面差距（大地水准面相对于水平基准的参考椭球体的偏移）来表述。因此，要使用大地水准面高时，就必须知道它参考的是哪个参考椭球体。

重力加速度地基或空基观测数据所揭示的大地水准面的短波长（最多数百千米）特征现在已经众所周知，在世界上许多陆地区域，其误差达亚分米水平。在海上，大地水准面可以通过卫星测高直接测量。现已进行了几次卫星测高任务，最近的一次为杰森测高卫星及后续任务，其产生了目前最精确的海面地图。卫星测高测量的是参考椭球体上方（瞬时或平均）的海面高，由于 SST（即平均或瞬时海面与等位面如大地水准面的差距）的存在，所以从该系统获得的大地水准面仅为近似结果，精度可能为 1 米。来自 CHAMP、GRACE 和 GOCE 等卫星重力测量任务的数据，正在迅速提高我们对大地水准面形状的认识。现在，可以反映由于地下水和地表水变化引起的长波重力场特征（数千千米）时间变化的大地水准面模型也已经问世。最新的通用全球重力场模型是 EGM2008（2012）。

2.2.3　参考椭球体

大地水准面是一个形状非常不规则的表面（见图 2.2），因此在大地测量和制图中必须使用简化的几何形状——椭球体，它对所有几何计算来说都非常接近大地水准面的形状（图 2.3）。过去曾使用过许多不同的“参考椭球体”，其中大多数是特定地区的大地水准面基本近似值或平均海平面，而在世界其他地区则不那么近似（图 2.4）。IAG 建议使用“GRS80”参考椭球体。不过，人们通常也使用略有不同的 WGS84 椭球体。这些旋转椭球体的大小和形状由两个参数定义：长半轴（“a”）和短半轴（“b”），或有时也由椭圆的扁率（“f”）定义（图 2.3）。将椭圆围绕其短半轴旋转即产生 3D 椭球体形状。中心为地心的参考椭球体在几何意义上能最佳拟合大地水准面——这两个面的最大间隔约为 100 米（图 2.2）。大地水准面高在数学上被定义为给定椭球体上方（$+N$）或下方（$-N$）的 N 米（图 2.5）：

$$h=H+N$$

其中：h 为大地高（椭球体上方的高度）；H 为 MSL 以上的高度；N 为大地水准面高。

2.3　测量基准

测量基准可以区分为非地心基准和地心基准。非地心基准的笛卡尔坐标原点是任意定位的，以满足某些局部区域的大地水准面与进行坐标计算的参考椭球体的最佳拟合（图 2.4），而地心基准则意味着原点位于地球质心。此外，用于大地测量计算的参考椭球体的定义也提供了表达水平位置的简便方法，即大地纬度（ϕ）和经度（λ）（图 2.6）。在这种情况下，参考椭球体有时也称为水平基准。垂直基准见第 2.4 节。

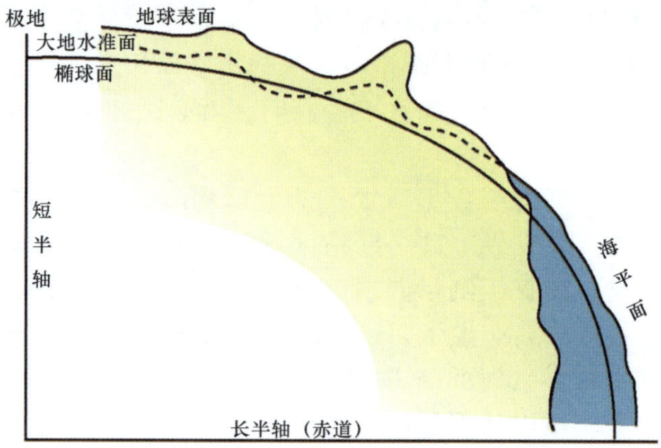

图 2.3　地球的经线剖面图（显示了大地测量中使用的各种物理和数学面）

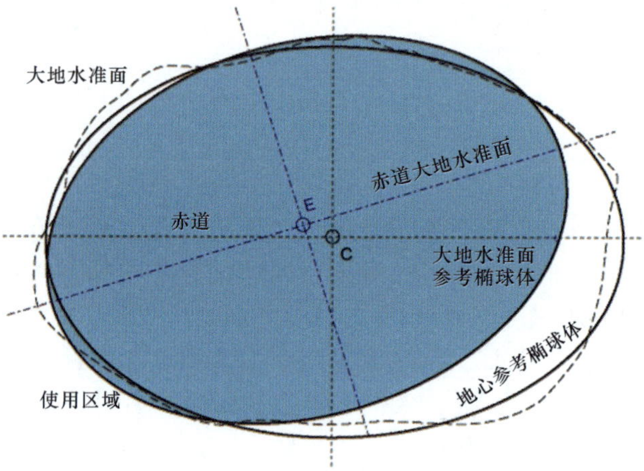

图 2.4　地心和非地心局部参考椭球体（经线剖面显示“最佳拟合”的使用区域）

测绘基准总是在国家或局部层面上进行定义的，并且它们大多数是 2D 或水平基准。国家基准与明确定义的参考椭球体有关，它是一种数学方法，除了在使用海图辅助导航时确定坐标之外，还可用于表示所有地面站坐标、地形、国家测绘机构感兴趣的自然或人文特征的位置。不同国家的测绘基准总是不尽相同。过去，由于参考椭球体的原点和其长半轴/短半轴的方向不同，这种测绘基准之间的差异比现在大得多，同一点的坐标可能偏移几百米甚至更多（图 2.4）。采用地心作为国家基准的原点意味着现在国家基准间的差异最多为米级，这在很大程度上反映了基本地面站在不同的历元年的坐标得到了固定。WGS84（2012）附录 B.1 给出了国家基准列表。注意其中很多国家基准都是 20 多年前的，因此采用的是非地心基准。陆地地图以及现代大中比例尺海图都会标明所使用的大地测量基准。

如前所述，对于选定尺寸和形状用作坐标参考面的参考椭球体，其相对于地球的位置和方向也必须是唯一确定的。如今使用地心笛卡尔系统是因为 GNSS 定位技术是以这种基准表示坐标（参见第 2.5 节）。事实上，由于几乎普遍使用国际地球参考框架作为国家基准的基础，参考椭球体及其位置和方向目前受到很大的限制。在这种情况下，参考椭球体实际上是 ITRF 的一个便捷实现，而并非像以往那样是其定义的基础（参见第 2.3.1 节）。也就是说相对于物理地球，笛卡尔轴线原点和方向及其时间变化是至关重要的。除了参考椭球体的中心被定义在地心外，其长半轴与地球在历元年的旋转轴或协议轴相一致（图 2.7）。

水平大地坐标 ϕ、λ 和大地高 h 可以很容易地转换成笛卡尔坐标 X，Y，Z。逆转换（即从笛卡尔坐标转换成大地坐标）则不那么直接；示例参见 Vaníček 和 Krakiwsky（1986）。所有转换都假定笛卡尔轴和参考椭球轴之间的关系如图 2.6 所示，并假定参考椭球体的大小和形状是已知的。

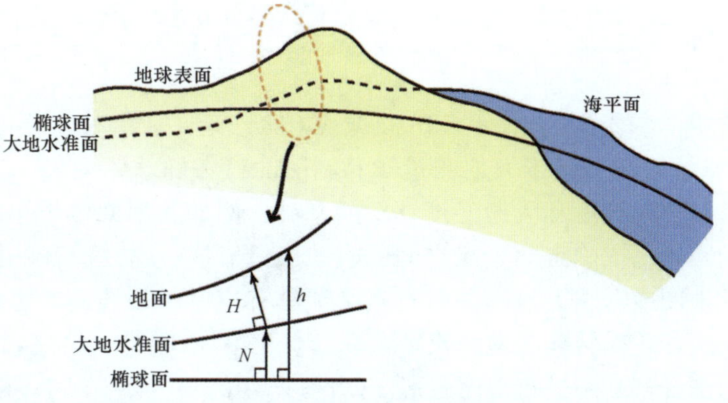

图 2.5　大地高（h）、正高（H）、大地水准面高（N）及其相互关系

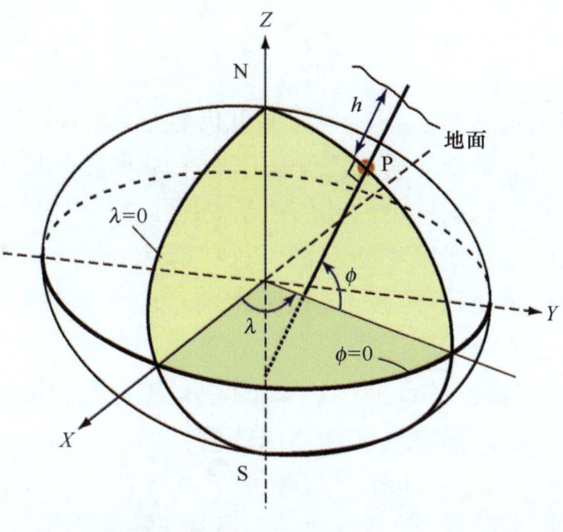

图 2.6　参考椭球体，仅在几何关系中说明笛卡尔坐标（X，Y，Z）和大地坐标 ϕ、λ 和 h 之间的关系——轴线和参考椭球体的原点可以是地心的也可以是非地心的

（动画：https：//iho.int/uploads/user/pubs/cb/C-51/animations/eng/Figure2_6.ppt）

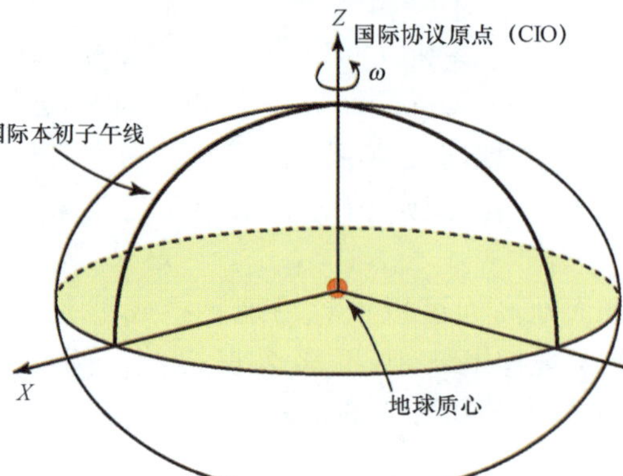

图 2.7　地心参考椭球体（ITRF 以及由其衍生的地心基准的基础）

目前，最常用的参考椭球体是 GRS80 或 WGS84 模型的参考椭球体（参见 WGS84［2012］附录 A，了解过去用于大地测量学和制图的参考椭球体列表）。必须强调的是，参考椭球体是涉及大地纬度和大地经度计算的基础，例如利用椭球体上两点的水平坐标计算它们之间的距离，或确定两个点之间的直线或最短线，这在海洋法问题中有时会用到。此外，要在地图或海图上显示的所有点必须具有相对于基准的参考椭球体的水平坐标，以便将这些坐标正确转换为地图投影坐标（参见第 3.5 节）。请注意，无论使用纸质海图还是电子海图，都必须进行地图投影。GNSS 产生的笛卡尔 3D 坐标必须首先转换为大地经度和大地纬度，然后才能转换为所需的海图投影，用于导航或制图。

2.3.1　非地心基准

尽管这些基准（过去是，且现在许多情况下仍然是）局限于当地或地区范围内，但有些基准构成了国家制图的基础，这对海洋法问题来说非常重要。它们的覆盖区域有限，参考椭球体相对于地球质心和旋转轴的几何关系见图 2.3。

这种非地心基准是如何在实践中建立的？这些非地心基准使用不同形状和尺寸的椭球体，以某种明确的方式参照地球进行定位和定向。传统上来讲，这个定义的实现过程涉及以下几个方面：

——椭球体法线定向。通过指定某个所谓的基准点的纬度和经度来实现。

——相对于本地重力线的基准点椭球体法线的方向。通过指定基准点处垂直分量的偏转来实现。

——基准点处的大地水准面–椭球体偏差。通常选择等于零。

——基准面相对于地球体的方向。通过在以基准点为原点的网络中选一条线，为该线的大地方位角取值来实现。

在确定或分配基准点的坐标，并使用上述程序定义非地心参考椭球体的方向和位置后，可采用大地控制测量原理确定大地控制点网络的坐标。控制测量是通过在控制点之间进行距离和角度测量并对其进行复杂分析来完成的。随着卫星定位技术的出现（起先是20世纪60年代和70年代的多普勒导航系统，随后是GPS），可以直接确定地面站的坐标。然而，在使用现代大地测量原理重新定义国家基准本身之前，这些卫星产生的坐标先仅转换为拟观测值并纳入大地测量控制网平差过程。最终结果是一组大地测量网络观测站的坐标，由此实现了非地心基准，成为该国地图和海图的基础。

使用非地心基准对海洋法问题有何影响？图2.8显示了如何在陆地测量一个国家的正常基线坐标，一般通过控制点到基线点间的距离和角度观测，直接连测到已建立的大地控制网。

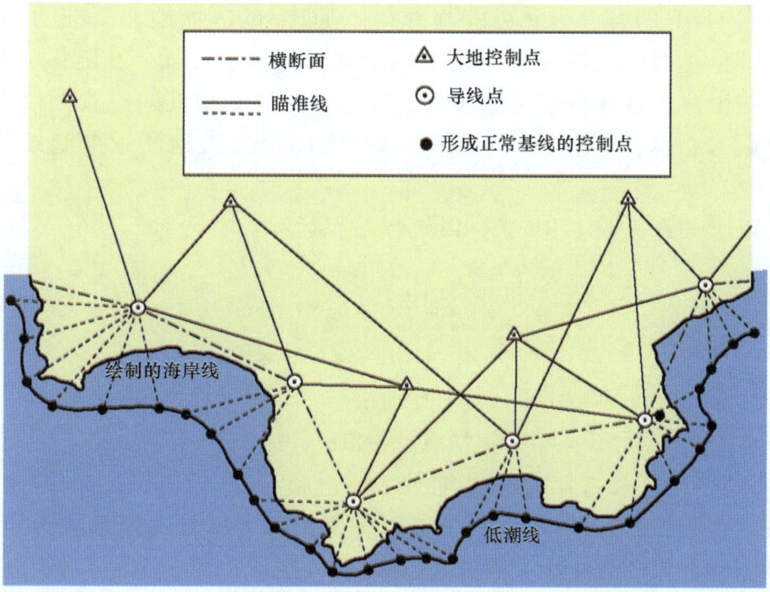

图2.8　通过连测大地控制网确定正常基线控制点
（资料来源：Thamsborg，1983）

此外，由于使用了基于不同非地心基准的坐标系，不同国家编制的海图上显示的同一点可能被赋予不同的纬度和经度值。这些差异可能对位置产生重大影响。为了避免在定位海洋边界划界时出现制图不兼容的可能性，建议采用共同的大地测量基准。针对所有主要国家基准而言，将非地心基准坐标转换为全球WGS84地心基准坐标的转换模型都已经可以获取。

目前，最好是在采用地心基准进行海洋边界划界的同时，利用GNSS技术确定划界点的坐标。

2.3.2　地心基准

地心基准（如WGS84和ITRF）可以在全球范围内适用，也可以仅与一个国家基准相关。地心基准与非地心基准不同，每一个非地心基准都是在局部或区域层面上定义的，完全独立于其他基准，而所有国家地心基准基本都源于特定的 ITRF 或与特定的 ITRF 一致。

实现 ITRF 的地面站不一定具有足够的数量或密度来满足特定国家的需要。因此，国家地心基准通常由更多的大地控制点集的坐标来实现，尽管其密度可能与第 2.3.1 节中提到或图 2.8 所示的传统控制网的密度不同。通过采用位于该国境内及其周边的 ITRF 站点的固定坐标，国家基准得以由 ITRF 定义或与之一致。密集的国家大地控制网坐标是使用 GNSS 大地测量技术，通过连接上述选定 ITRF 地区网站来计算的（参见第 2.5 节）。这些固定的 ITRF 站点有时也称为基准站。

注意，特定 ITRF 的参考历元可能与源自该 ITRF 的国家地心基准的参考历元不同。例如，旧的基准坐标可以通过发布的速度值在时间上向前传播。在随后的基准调整计算中可以固定这些坐标，包括将传统地球大地测量（距离和角度的）观测值和基于 GPS 的相对坐标结合起来，这些坐标为同一地心基准上的所有大地测量控制站输出一组齐次坐标。

可以使用以下关系更改 ITRF 坐标以解释站点运动：

$$X_{t_1} = X_{t_0} + (t_1 - t_0)_{yrs} \times V_x$$
$$Y_{t_1} = Y_{t_0} + (t_1 - t_0)_{yrs} \times V_y$$
$$Z_{t_1} = Z_{t_0} + (t_1 - t_0)_{yrs} \times V_z$$

其中：X_{t_1}，Y_{t_1}，Z_{t_1} = 第 t_1 年站点的 ITRF 坐标；

X_{t_0}，Y_{t_0}，Z_{t_0} = 历元参考年 t_0 年站点的 ITRF 坐标；

V_x，V_y，V_z = 历元参考年 t_0 年站点的 ITRF 速度分量。

首个全球大地测量基准于 1960 年由美国定义，称为世界大地系统（WGS60）。用于全球测绘、制图和导航的真正世界性地心坐标系首次成为可能。这一模型一直以来持续改进，该系统最新的版本是 WGS84（2012）。WGS84 基准中表达了全球定位系统广播星历，因此所有使用全球定位系统绝对（单点）定位技术确定的坐标均采用 WGS84 基准（其他全球导航卫星系统，如俄罗斯的 GLONASS、欧盟的伽利略定位系统和中国的北斗定位系统，采用略有不同的地心基准，与 ITRF 相差不超过几厘米）。

在 1983 年，国际海道测量组织内部达成了协议，采用 WGS84 作为航海图的全球基准，尽管更准确地说它是海图上各点水平表达的基准。如第 2.4.1 节所述，海图中的高程基准定义也有所不同。

必须强调的是，以不同地心基准——国家基准（NAD83）、ITRF 基准（ITRF97、ITRF2000 等）和 WGS84（或其他 GNSS 大地测量基准）表示的某地（如美国）同一点的坐标，最多相差 1 米左右，如果表示的是同一个历元年，则相差更小。因此，尽管在大地测量应用中仍然需要一个转换模型，但在制图、海洋边界划界和其他海洋法问题中则不需要考虑这一点，因为所有的地心基准都可以视为是等效的。

2.3.3　大地测量基准转换

要将坐标从一个基准转换到另一个基准，需要知道基准转换参数。通常，可以通过赫尔默特变换或类似变换来实现这种转换。在这种情况下，这些参数包括3个平移分量（Δx，Δy，Δz）、3个旋转参数（θ_x，θ_y，θ_z）以及一个比例校正（图2.9）。旋转参数通常很小，在其正弦和余弦函数中足以使用小角度来近似，并且有时可以完全忽略。

两个大地测量基准间的转换参数是根据以往一组相同点在两个基准中的坐标而实证确定的。由于不可避免地存在系统误差和随机误差，这些位置总是扭曲的，所以必须仔细确定转换参数。建议从相关国家制图机构获得与国家基准相关的转换参数。还有一种是14参数的转换模型，其中包含7个标准相似转换参数的时间变率。使用这样的模型，既可以消除基准之间的历元年差异，也可以消除原点、方向和比例的影响。

除了涉及国家基准的转换外，也有多种参数可在不同的ITRF实现之间以及在WGS84和ITRF之间进行坐标转换（IERS，2012）。

一组用于多种世界基准（过去和现在）的转换参数，以X，Y，Z地心偏移的形式列于WGS84（2012）的附录B和附录C中。如果希望在基准A和基准B之间进行转换，但没有可用的官方转换参数或模型，则可以从基准A转换为WGS84（即地心基准），然后使用公布的原点偏移从WGS84转换为基准B。WGS84（2012）出版物中的原点偏移值

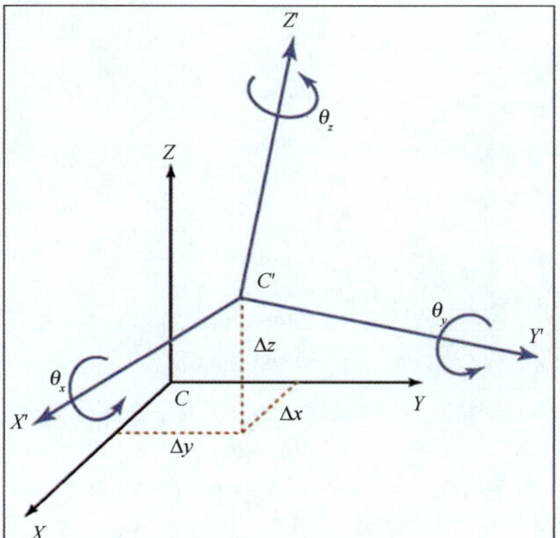

$$\begin{pmatrix} x' \\ y' \\ z' \end{pmatrix} = \begin{pmatrix} x \\ y \\ z \end{pmatrix} + \begin{pmatrix} s & -\theta_z & \theta_y \\ \theta_z & s & -\theta_x \\ -\theta_y & \theta_x & s \end{pmatrix} \begin{pmatrix} x \\ y \\ z \end{pmatrix} + \begin{pmatrix} \Delta x \\ \Delta y \\ \Delta z \end{pmatrix}$$

图2.9　两个大地测量基准的相似转换模型

（动画：https：//iho. int/uploads/user/pubs/cb/C-51/animations/eng/Figure2_9. ppt）

精确到米，尽管对于大地测量而言不够精确，但足以满足海洋法和制图应用。

2.4　垂直基准

虽然过去几十年大地测量学的发展极大地简化了定位过程，但是垂直基准依然是一个复杂的问题。第2.2.2节和第2.2.3节介绍了大地水准面和参考椭球的概念，二者均可作为零米基准面（见图2.5）。大地水准面以上的高度可称为正高或力高。参考椭球以上的高度是大地高或椭球高。但是，在实际操作中，大地水准面和参考椭球面取最佳拟合全球平均海平面的表面。大地水准面是一个物理表面，即地球重力场等位面。椭球体是一个并不真实存在的数学表面，只为计算方便而采用。

在陆地高程系统中，假定大地水准面和平均海平面在基本水准点或验潮仪处是重合的，这些水准点或验潮仪确定了一国的大地高程基准，也就是陆地地图高程所参照的基准（图2.10）。通过高潮采样确定的高水位可以界定所谓的海道测量岸线，在该处陆地制图过渡至海洋制图。在某些国家，将高水位作为可注册到地籍册（登记物主所有权）的土地所有权边界。海图基准在第2.4.1节进行讨论。

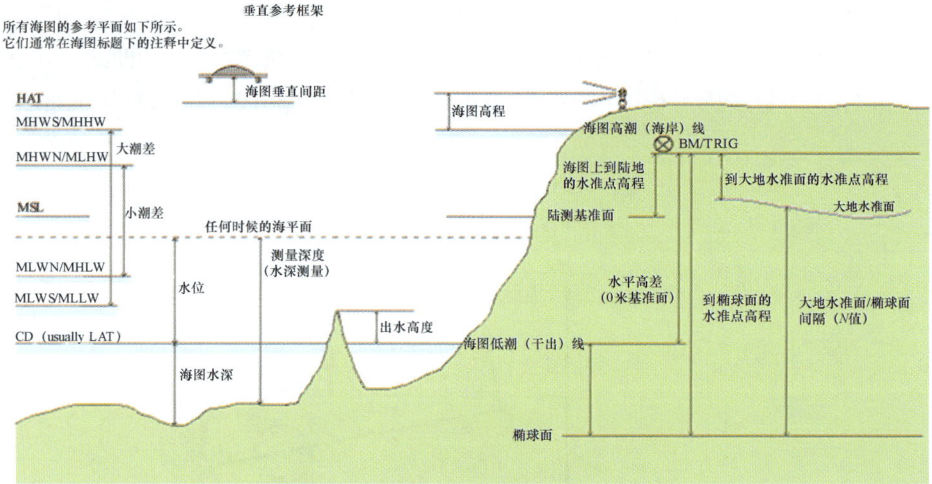

图2.10　陆地地图和海图的垂直基准

HAT：最高天文潮位（面）；MHWS：平均大潮高潮位；MHHW：平均高高潮位；MHWN：平均小潮高潮位；MLHW：平均低高潮位；MSL：平均海平面；MLWN：平均小潮低潮位；MHLW：平均高低潮位；MLWS：平均大潮低潮位；MLLW：平均低低潮位；LAT：最低天文潮位（理论深度基准面）；BM/TRIG：水准点

（动画：https：//iho.int/uploads/user/pubs/cb/C-51/animations/eng/Figure2_10.ppt）

（资料来源：澳大利亚水文局）

长期以来，海平面和陆地高程经历了不同速度的缓慢变化和周期性变化（Lambeck，1988）。虽然全球海平面每年上升几毫米，但陆地每年可上升或下沉数厘米或更多，特别是在活跃的构造区或是水或烃类物喷出地面的地区。对多数海岸来说，这种垂直变化好像是微不足道的，但是对于低坡度的海岸，这种变化能够产生重大影响。例如，由于冰后期哈德逊湾地区地壳上升，加拿大逐年稳定获得数百平方千米领土（Walcott，1972）。

正如对所有基准问题一样，不同类型垂直基准之间的转化也必须小心处理。此外，如同 3D 参考框架和基准，我们必须区分出那些在理论上很严谨，但实际上并不能精确实现的基准定义，如大地水准面。而潮汐基准面，虽然其实际实现极具挑战性，但是对于海洋法应用如海洋边界划界，基准定义的一致性和可追溯性比绝对意义上的精度更重要。

在过去的几十年里，人们一直致力于国际高程参考系统（IHRS）定义的发展和实施，以便更清楚地观察区域和全球范围内海平面所经历的变化。为此，2015 年在布拉格举行的国际大地测量学和地球物理学联合会（IUGG）会议上，国际大地测量学协会（IAG）通过了一项定义 IHRS 的公约（https：//office. iag-aig. org/doc/5d7b8fd9d31dc. pdf）。同时，在蒙特利尔 2019 年 IUGG 会议期间，IAG 通过了第 3 号决议，旨在建立国际高程参考框架（IHRF），并提供若干建议指导个别国家实现 IHRF（https：//office. iagaig. org/doc/5d7b8fd9c6aa0. pdf）。

2. 4. 1　海图基准

为了通过深度测量为海员提供安全边界，需参照海图基准标绘所有深度。海图基准可以换算为潮汐预报基准，而且国际海道测量组织将其定义为潮汐通常不会下降至比其更低的平面（图 2. 10）。所以，不像陆地地图高程一般参照大地水准面替代平均海平面，海图深度参照的是低潮面。为了确定海图基准，必须要观测各点至低潮面的高程。因此，必须确定低潮面位于平均海平面以下的高程。这可以通过分析目标区域附近验潮仪的记录来完成，通常只有国家海道测量部门或港口机构才有相关的专业技术。

在重要港口等许多海岸观测点都设有连续运行的验潮仪。这些观测点被称为主控验潮仪观测站或参考港，在世界各地许多站点不间断地运行。这些观测点收集的大量数据为建立准确的海图基准高程提供了坚实的基础。但是在海图基准所需的所有地点运行长期验潮仪一般是不现实的。所以，在主控站之间不同地点建立了二级观测站。这些观测站的海图基准采用较短时期（通常只有 1 个月）内收集的数据得出。通过与附近主控验潮仪的同步观测结果进行比较来分析这些数据。显然，一个足够密集的主控站网是至关重要的，因为只有主控站和二级站观测到的潮汐特征非常相似，并且没有河道流量、浅滩区等造成的显著局部影响，比较分析才能得出准确结果。在广阔多样的海岸线上，二级站与合适的主控站相距较远会成为一个问题，这一情况有时会对海图基准的确定精度产生不利影响。

请注意，引起局部海平面变化的原因不仅包括海洋潮汐（海道测量学中也被称为天文潮），也包括其他现象，如风暴潮、海流、风力作用、气压变化、温盐变化等。尽管这些非潮汐变化偶尔可能与潮汐变化一样大，但在分析过程中它们通常不予考虑。对于更详细的讨论，读者可以参考海洋学教科书，如 Warren 和 Wunsch（1981）。

低潮不是一个固定的水位，所以建立一个合适的海图水深基准可能会很复杂。潮汐的范围每天、每月和每年都不同。造成这些变化的因素主要与月球和地球运动有关，其中包括：

——月相，即月球和太阳成直线产生较大的潮汐，反之亦然；

——月球和地球的椭圆轨道，即当月球靠近地球时潮汐较大，反之亦然；

——月球的赤纬变化，即月球沿轨道运行越靠近赤道时，潮和汐就越相似，反之亦然。

潮汐范围也可能沿海岸线在相对较短的距离内变化，这主要归因于海岸构造。理论上，海岸地文可以改变太阴潮，有时这种改变非常显著。

由于世界各地存在许多不同的潮汐特征，尚未就可普遍使用的精确、科学定义的海图基准达成一致。在过去的200年间，各国通常根据主流的潮汐类型采用不同的方法计算海图基准。根据1926年国际海道测量组织决议，海图基准应当：

——很低，海水很少下降至该基准面以下；

——不能太低以至于图绘深度不切实际；

——为了避免明显的不连续性，只能在不同区域和不同海图之间逐渐变化。

从最基本的角度来说，海图水深基准可以定义为特定的低潮位在一段较长时间内的平均值。理想的时间段应该是19年或更长，以便包括上述所有重大天文变化。然而，对于应该使用哪种低潮位来计算这个平均值，意见不一，因此目前在用的定义也是不同的。例如，一些国家将海图基准定义为超过指定的19年期间的平均低低潮位（MLLW）；另外一些国家使用的海图基准称为大潮低低潮位（LLWLT），大潮低低潮位指最低低潮位的平均值，每19年预测一次；还有的国家使用大潮最低低潮位（LLWST），这是在指定时期内大潮最低低潮位观测值的平均值；最保守的国家使用最低天文潮位（LAT），这是考虑平均气象条件和综合天文条件可以预测的最低水位（见图2.10）。

2.4.2 全球重力场模型与世界高程基准

全世界各类垂直基准面不断出现，不同基准面之间高程转换困难。这促使国际大地测量协会朝着统一基准面并创建全球高程系统（WHS）不断努力。基准面统一工作最初由国际大地测量协会的委员会间项目1.2（ICP 1.2）“垂直参考框架”（Ihde，2007）牵头，目前由国际大地测量协会全球大地测量观测系统（GGOS）的主题1“统一的全球高程系统”继续进行。尚有许多难题需要这些工作去解决，例如确定物理高程所需的统一全球参考面、验潮仪记录与该参考面的关系、验潮仪处海平面变化和地壳垂直运动的分离以及与地面水平参考系统的联系。

确定零米基准面及其位势值 W_o 是需要首先解决的最重要的问题。正如第2.2.2节中已经提到的，这个表面最接近静止的平均海平面，通常被选定为大地水准面，其中一个重要的问题是如何尽可能地计算一个准确的全球静态大地水准面及其 W_o 和时间变化。此外，由于物理高程（正高或力高）取决于大地水准面位势 W_o 和地球表面点位势 W_P 之间的差值（这种差值称为“地球位数” C_P），第二个重要问题是如何尽可能地计算精确的

位差或精确的位势 W_P 值。

对于全球高程系统和基准统一，建议通过使用不受局部和地区数据不一致影响的全球重力场模型（GGM）来获得 W_P 值和全球基准表面。这意味着要使用一个只由卫星数据建立的 GGM，例如仅利用 GRACE 和 GOCE 卫星组合数据建立的模型（参见第 2.2.2 节）。为了使垂直基准大地水准面达到厘米级的精度，必须利用局部或区域重力数据来增强 GGM。

从上面的讨论中可以清楚地看出，WHS 的定义涉及几何和物理分量，分别与 h 和 N、H 有关（图 2.5）。几何分量由 ITRS 和参考椭球的基本参数给定（参见第 2.3 节）。坐标是椭球高 h 及其时间变率 dh/dt。物理分量由协议 W_o 值给定，坐标是位差或重力位 C 及其时间变率 dC/dt。虽然正高或正常高可以用作垂直坐标，但是为了避免利用地球位数估计高程时所涉及的各种近似，C 是优选的。在定义和实现高程系统时，强烈建议采用零米潮汐系统。

通过精确确定一个物理点（站）网络的地球位数和参考 ITRF 的地心坐标而实现的 WHS，可提供国际垂直参考框架（IVRF）。具有协议值 W_o 的重力等位面将作为物理高程的零米高程表面，并定义全球高程基准。然后，可以简单地通过估计各种本地/区域高程基准和某一全球高程基准之间的位差实现垂直基准统一。目前，某些国家如新西兰已经采用基于大地水准面的垂直基准。加拿大和美国已经决定分别在 2013 年和 2022 年采取同样的措施。科学协会和空间机构正在利用新的基于 GOCE 的 GGMs（空间分辨率 100 千米，精度为 1~2 厘米的大地水准面模型），在国际上推动建立基于大地水准面的垂直高程系统。因此，建立一个 WHS，类似于为三维几何坐标建立一个包含基于大地水准面的全球高程基准的 ITRF，也许很快就会成为现实。

2.4.3　海洋边界划界的有关问题

海图基准存在不同的级别，这一事实意味着相邻或相向国家在建立各自基线时可以使用不同的级别，从而可能会造成确定等距离线的差异。所以，有必要考虑相向或相邻国家之间存在不同基准的可能性。例如，其中一国可能使用平均大潮低低潮位（MLLWS）作为高程基准定义海洋边界正常基线，而另一国可能使用大潮低低潮位（LLWLT）。在这种情况下，低潮高地可能在一国的海图上标出，而在另一个国家海图上就没有标出。

使用在低潮时裸露出来的岩石、岛屿或珊瑚礁作为领海基点，也可能导致相当大的差异。选择不同级别的海图基准，决定着是绘制为永久位于水下的地物，从而在海洋划界中被排除，还是绘制为低潮高地，在海洋划界中发挥作用。

海图基准的精确定义在边界划界中至关重要。同样地，实际计算中所使用的数据精度也很重要。垂直基准的精度取决于：

——潮汐记录的长度；

——划界的目标区域与二级站的远近，即实际观测潮汐的最近位置；

——该二级站与主控站的远近。

为了获得可靠、准确的海图基准，必须充分掌握该地区水位波动性质。这要通过至少一年或更长时间（理想条件）的水位观测才能实现。这也意味着，要建立如第 2.4.1 节所述的适当密度的验潮站网络。

某些海图基准用于边界划界，其适宜性可能会在精度方面遭到质疑，例如仅根据 30 天收集的数据得出的海图基准或针对远离主控验潮仪的地点得出的海图基准。基准建立稳妥后，通常会在地面上（理想情况下在基岩上）设置一个或多个永久性的参考地标或水准点，以便日后恢复高程。然而，在世界的某些地方，如果测量间隔时间很长，就必须注意，由于陆地的均衡抬升，或由于液体抽取或其他地球动力学现象导致的陆地下沉，陆地地面和海平面的移动并不相关。

2.5 卫星定位

全球导航卫星系统由卫星、地面站和用户设备组成，目前已用于支持当今社会的许多活动。美国全球定位系统是最著名的全球导航卫星系统。本文将以 GPS 为例进行关于定位和基准原理、操作技术和用户应用的讨论。注意，尽管我们将在本章中使用 GPS 这一词语，但必须理解，当其他全球导航卫星系统（GNSSs），特别是俄罗斯的 GLONASS、欧盟的伽利略定位系统和中国的北斗定位系统，完全投入使用并获得用户信任时，这些词语将可与 GNSS 定位互换使用。

2.5.1 GPS 介绍

GPS 是唯一一个持续完全运行的卫星定位、导航和定时（PNT）系统。1978 年发射了第一颗 GPS 卫星，1995 年 GPS 作为 PNT 系统已有 24 颗在轨卫星运行。关于 GPS 的更多细节，读者可以参考 Hofmann-Wellenhof 等（2008）和 Leick（2004）的教材，而 GPS 的实时状态可以通过网站 NavCen（2012）进行监测。GPS 首先革新了大地测量学和测绘学学科（从 20 世纪 80 年代初开始），之后随着卫星信号增强和合适的用户接收机设备性能的提高（大约从 20 世纪 90 年代中期开始），它对所有导航领域产生了相当大的影响。

在撰写本文时，GPS 卫星星座由 32 颗不同型号的主动卫星组成（NavCen，2012），远远超过系统最终服务能力所需的 24 颗卫星数量。轨道结构包含 4 个近圆轨道面，每个面与赤道面呈约 55°倾斜，每个面名义上有 6 颗卫星。卫星的轨道距离地球表面约 20 200 千米，由此产生的轨道周期约为 12 小时。

GPS 是一种单向测距系统，利用已知位置的卫星不断发送时间同步信号。它是一种 24 小时的全球全天候的服务，可供无限数量的军事、民用和商业用户在开阔天空条件下使用。从根本上说，GPS 是一种定时系统。在轨精密原子钟在已知位置将已知信号发送到用户接收机以同步低质量接收机时钟。这种时间同步可以测量从卫星到接收机的信号传输时间，并将其转换为射程或距离。这些卫星至接收机的距离用在多种处理模型中，提供数米级至数毫米级绝对或相对定位。所有 GPS 接收机都能够进行伪距（测距码）测量，此外，用于高精度（亚米）测量的接收机也可以进行载波相位（也称为相位）测量。两种类型的测量都是在卫星发射的跟踪微波 L 波段频率上进行的。PNT 精度取决于测量类型、接收机硬件质量、算法设计和操作模式等因素（参见第 2.5.2 节）。

GPS 星座已经运行了几十年，在运行状态上没有任何差距。虽然提供有关 GPS 的详细回顾材料超出了本节的范围，但以下有关 GPS 信号和测量的内容对于后续讨论很有帮助：

——大多数 GPS 卫星广播两个信号：L1（1 575.42 MHz）和 L2（1 227.60 MHz）频段。

——GPS 信号已知是一种称为码分多址（CDMA）的信号类型，因此每颗卫星通过在 L 波段载波上调制的一种特殊测距码来区分。

——相位测量的精度大约是测距码测量的 1 000 倍。

——在两个频率上同时测量测距码或相位，可以确定并随后消除电离层测量偏差，从而提高定位精度（参见第 2.5.2 节）。

——民用导航接收机目前只能使用 C/A 码直接在 L1 信号上进行测距码或相位测量。这意味着，当信号通过电离层时，这些接收机无法修正信号的延迟，这是造成此类用户误差的两个主要原因之一，多路径效应则是另一个原因。

——高质量的大地测量接收机可在 L1 和 L2 频率上进行测距码和相位测量，并且由于以下原因而相对昂贵：①它们的双频和相位追踪能力；②高质量天线；③复杂的测量处理软件。

——军事接收机可以同时访问 L1 和 L2 频率上的测距码，从而对电离层误差进行校正，可提高 PNT 结果的精度和可靠性。

——自 1999 年起发射的 GPS 卫星已开始以第三个 L5 频率（1 176.45 MHz）进行广播。

2.5.2　GPS 定位模式

在最基本的层面上，某一种 GPS 以及实际上任何 GNSS 的定位模式或技术，是根据它提供绝对还是相对定位结果进行分类的。下面分别对其进行讨论。

单点定位（SPP）是 GPS 最初设计的操作模式。目前，在 GPS 参考框架内标准民用接收机可达到 5~10 米级的实时、水平、绝对精度（即 WGS84，参见第 2.3.2 节）。垂直精度通常比水平精度低 2~3 倍。无论用户静止还是移动，民用用户都可以使用 GPS 标准定位服务（SPS）（NAVCEN，2012）实现这一精度。仅在 L1 频率上进行的测距码测量是 GPS 的基础，如标准定位服务名称所示，绝大多数 GPS 用户设备都属于这一类，包括安装在船舶上以支持海上导航的接收机。

差分全球定位系统（DGPS）可以克服 SPP 的一些局限性。主要是基于第二接收机、基准站或参考站在已知点进行类似的测量，对用户接收机的基本测距码测量进行校正，以减少或消除一些更严重的卫星系统和大气偏差。相对定位可达到的精度从米级到几分米不等，主要取决于接收机的质量、用户接收机和产生校正数据的参考接收机之间的距离、特定的 DGPS 技术和所使用的 DGPS 校正服务。

国际航标协会（IALA）、国际海事组织（IMO）和国际海事服务无线电技术委员会（RTCM）定义了有关实时 DGPS 校正使用和传输的指南和规范。DGPS 支持在具有挑战性的区域进行导航，例如港口和港湾及其内部、礁石或浅滩区等可能需要强制进行船舶分离方案的区域，以及对开展水文或科学研究的船舶进行定位。

相对 GPS 是最精确的定位技术，它采用 DGPS 原理使用噪声码测量或相位测量，计算接收机相对于一个或多个参考站的坐标差。自 20 世纪 80 年代初以来，大地测量广泛使用 GPS 以维护区域和全球参考框架。这些测量不需要实时结果，也不需要考虑用户接收机正在运动的影响。因此，相对 GPS 主要支持国家地心基准更新和全球基准定义，如 ITRF 的实现（参见第 2.3.2 节）和维护，以及支持地球科学用户，且精度不断提高。目前，相对定位精度通常为接收机间距离的十亿分之几（或 1 000 千米基线约为几毫米误差，基线是指连接参考站和用户接收机的 3D 矢量）。因此，GPS 测量可以支撑现代地心基准的定义，可以用于扩展或加密一个国家大地测量控制网的控制测量，并用于监测验潮站或基准的稳定性（参见第 2.4.3 节）。有关测地学中使用的相对 GPS 的更多详细信息，请参见 Rizos 和 Brzezinska（2009）。

实时动态（RTK）是一种相对定位技术，即使用户接收机正在运动（即动态），也可以使用成对的接收机获得实时厘米级精度。当同时在 L1 和 L2 上均进行伪距码和相位测量时，可以保证操作效率和高精度。因此，与单频 SPP/DGPS 接收机相比，RTK 技术需要昂贵的双频设备和专用相位基线处理算法。例如，Rizos（2010a）给出了基于相位定位的不同模式和算法的详细描述。

RTK 技术的一个关键推动因素是以必要密度广泛建立永久的连续运行参考站（CORS）。根据使用的是单基 RTK 还是所谓的网络 RTK 技术，CORS 的间隔范围从 30~100 千米不等。大多数提供 RTK 服务的 CORS 都是商业操作，用户必须订阅该服务。RTK 技术通常应用于精密水文、港口和离岸工程，包括在船体龙骨净空很小的情况下，为疏浚作业以及各种工程和施工任务的大型船舶进行精确导航。对于此类近岸甚至内陆水域的情况，不难确保 CORS 布设满足基线长度要求，从而实现高效可靠的 RTK 定位。然而，在离岸几十千米以上的情况下，不能使用 RTK 技术。与差分全球定位系统技术一样，结果坐标的基准与定义 CORS 坐标的基准一致。

精确点定位（PPP）是一种新的处理技术，它通过特定处理算法，将全球 CORS 网络分别计算出的非常精确的 GPS 卫星轨道和时钟信息应用到单个高质量接收机，从而生成分米至厘米级的坐标，而不受任何基线的限制。考虑到该技术在近岸和远岸地区的精度和性能，现在已将其作为海道测量和海事建筑物的行业标准。坐标是基于卫星轨道和时钟产品的基准计算的，通常是 ITRF。这项技术正在努力进一步改进中（Bisnath et al.，2009）。

2.5.3　GNSS 的未来

到 2020 年，广播导航信号的 GNSS 卫星数量预计将从目前的约 70 颗卫星翻一番，达到 140 颗以上（Rizos，2010b）。多余的卫星可以提高连续性。GPS、GLONASS、伽利略和北斗是独立的系统，这意味着主要的系统问题同时发生的可能性极小，而本身这些问题也不太可能发生。

多余的卫星和信号可以提高精度，因此：

——观测到更多的卫星意味着可以更快地实现指定的精度水平；

——更多信号意味着接收机的定位算法可以处理更多测量值；

——位置精度不太容易受到卫星几何结构的影响；

——垂直定位精度将接近水平定位精度；

——通过实施接收机自主完整性监测（RAIM）型卫星信号选择算法，可以减轻多路径效应和干扰/人为干扰的影响，确保只处理高质量的测量值。

额外的卫星和信号可以提高效率。对于基于相位的厘米精度定位来说，额外的卫星和信号将显著减少确定载波相位整周模糊度所需的时间。

额外的卫星和信号可以提高特定位置的信号可用性，这对于那些处于不满足开阔天空条件区域且需要 PNT 解决方案的用户来说至关重要，尽管这对海事用户来说并不是一个严重的问题。

额外的卫星和信号可以提高可靠性，这是因为：

——额外的测量增加了数据冗余，这有助于识别测量异常值；

——当前的 L2 GPS 测量比即将在新信号 L2C 或 L5 上进行的测量噪音更大且连续性更低，因此将来会增强双频操作；

——更多的信号意味着定位服务不会因为一个频率或一组信号的干扰或人为干扰而轻易失效，从而阻止在一个或多个 GNSS 上进行关键性的伪距和/或载波相位测量。

最后，关于混合不同卫星导航信号以提高用户接收机性能的任何讨论，都不可避免地提出了协同性和兼容性问题。协同性定义为同时使用多个 GNSS 服务，可以为用户提供比仅依靠一个服务或信号更好的功能。至少，这一术语将意味着相同或非常相近的发射频率，但理想情况是所有 GNSS 广播扩频码族。兼容性定义为，GNSS 单独使用或一起使用而不会干扰各自的服务或信号。未来在全球多导航卫星系统世界中可以达到的协同性和兼容性程度目前仍不清楚。

2.6　测量与计算

为了确定海洋边界，可能有必要在陆地和海上进行如下测量：

——大地测量和地形测量；

——潮汐和海洋学测量；

——水深测量/海道测量；

——地球科学测量。

本节将重点介绍利用大地测量方法开展陆地作业。在下列情况下，可能需要使用大地测量和地形测量及计算：

——低潮线确定，即定义沿海国的正常基线和/或直线基线的基点；

——确定和验证基点和水准点的大地坐标；

——大地测量基准之间的转换，或通用基准的确定；

——确定原点位置所使用的基准，以及可能没有正确或详细记录的基准；

——重新调整老旧的和/或扭曲的测量；

——区域的确定。

2.6.1　基线的确定

一般来说，测量领海的基线与沿海国官方海图上显示的低潮海岸线相一致（参见第4章）。如果海岸线没有明确界定，或者由于海退或其他现象（如侵蚀或海岸推进）造成显著变化，使得官方海图没有恰当表示海岸线，就可能出现一些状况。在这种情况下，可能需要进行新的大地测量，以确定定义低潮线的点位。在开始测量之前，国家应决定采用哪种基线系统，即正常基线或是直线基线。如果两者都要使用，国家需要确定各系统适用的海岸区域。所有与目标沿海地区有关的必要文件都应加以汇编，即海图、大地测量点清单、航空摄像片等。验证该地区设有潮汐站且目前正常运行也很重要。有必要定义所用的垂直基准（参见第2.4节）以及水平基准（参见第2.3节）。

使用现场勘测来确认和选择海岸沿线将用于界定基线的点。这些点可以包括直线基线系统中的转折点或终点，或者可以描述定义正常基线的低潮线。在这方面，外围岩石、岛屿和低潮高地尤为重要。另外，还必须确定该地区所有大地测量控制点的位置，这些控制点可为确定基线点提供参考。

如果海岸线极为曲折或海岸附近有由许多海湾、岬、岩石和岛屿所环绕的一系列岛屿，并且计划使用直线基线系统时，必须小心进行详细勘测，以便选择适当的控制点。为此，最佳选择是精确的大比例尺海图。但如果没有，也可以使用其他地图、航空照片或卫星影像。

现场勘测可能涉及数百个勘测点，通常不进行实地测量，但如果部分勘测点能够连测到大地测量网并将其作为大地测量参考点，则是有利的。

《公约》第七条明确了在采用直线基线之前必须满足的必要地理条件，并且在该条的第3款作了这样的规定："直线基线的划定不应在任何明显的程度上偏离海岸的一般方向"。图2.11仅展示了在一段虚构的海岸线上存在的一些可能的选择。

在确定低潮线位置或定义直线基线的基点位置时，可能有必要通过大地测量建立水平控制。研究现有海图和地图，辅之以实地观察，对于审查陆地和海岸线的结构以及注意已建立的大地控制点和基准至关重要。

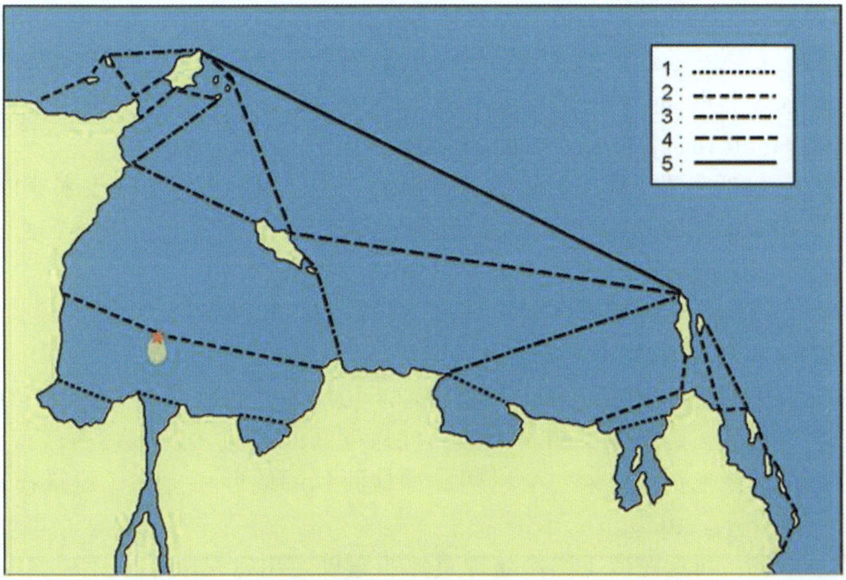

图 2.11　海岸一般方向和直线基线选择的不同解释
（动画：https：//iho. int/uploads/user/pubs/cb/C-51/animations/eng/Figure2_11. ppt）

大多数国家已经建立主要一级控制点（在国家基准中定义基准点）。由混凝土、青铜或其他永久物质制成的地标将标记该控制点的物理位置。越来越多的国家正致力于建立 CORS 网络，通过该网络对大地测量控制点进行物理标记，同时提供一种利用差分或相对 GNSS 技术连接到基准的简单方法（参见第 2. 5. 2 节）。接下来必须从这些控制点开始，建立较低等级的控制点，以便精确界定海岸线的地理位置和对划界具有重要意义的其他特征。

水平控制可以通过以下任意一种方法从主要控制点扩展。历史上，这是通过三角测量、导线测量和三边测量实现的，但目前只使用 GNSS 方法（参见第 2. 5. 2 节）。使用基于相位的技术（即相对 GNSS 或 PPP）可确保水平精度达到分米级或更高水平。这足以确定一个国家基准中基线点的坐标。

接下来是关于垂直测量和必要的垂直控制的内容。大地测量垂直控制由等级水准点网络组成，如第 2. 4 节所述，水准点的正高参照的是通过局部平均海平面得到的大地水准面。

在海岸平缓的地区，确定低潮线位置，需要进行仔细的潮汐测量，因为垂直测量中的任何误差都可能导致显著的水平位移。获得所有外围岩石、沙洲和其他特征在低潮基准面以上的准确高度是很重要的。同时，必须精确确定潮差，以便了解上述特征是在高水位之上还是之下。无论一个特征是否处于低潮高地（参见《公约》第十三条）或者永久处于高水位以上，都可能具有相当重要的意义。因此，不仅需要最大限度地注意潮汐的趋势，而且还要注意气象因素对海平面的可能影响。这种影响在浅水和低梯度的沿海地区更大。

在潮汐差异较大的地区以及可能存在冰和风暴潮的地区，确定海岸线变得更加困难。在测量结束时，将以一条连续的多边形线段表示海岸线，其直线边的长度根据海岸的结构而变化。除大地测量方法外，航空或卫星影像（遥感）摄影测量也可用于精确定义低潮线的整个范围，从而提供勘测点之间的详细信息。

遥感"……包括利用反射或发射的电磁辐射，通过测量和反演地表来获取地表信息的所有方法"（Kraus，2007）。当代遥感传感器可分为：

（1）光学（电磁波谱的可见光和红外区域）；

（2）微波（主动：合成孔径雷达、高度计；被动：散射仪）；

（3）LIDAR（激光雷达）。

可以从遥感中获得的产品包括数字地形模型（DTMs）和数字表面模型（DSMs）。严格地说，前者只指除去建筑物、树木等的高度后裸露的地面（地形），而后者指在航空摄像片上看到的或激光扫描仪第一个返回脉冲检测到的地形和文化（建筑物、植被等）的最上表面（Newby，2012）。

基于遥感观测，可通过以下图像处理具体步骤确定出入受限甚至无法出入地区的海岸线点：

（1）使用DTM或DSM进行正射校正（消除图像倾斜和地形影响，产生平面校正图像的过程）；

（2）使用特定边缘检测算法或综合使用各种算法进行海岸线提取；

（3）如有必要，通过数字化对海岸线进行手动精化，消除不确定性，获得平均大潮低潮位、平均略低低潮位、大潮略低低潮位或最低大潮低潮位；

（4）确定适合相应情况的最重要的海岸线点。

2.6.2　区域的界定

在《公约》的应用中，由子午线、平行线、大圆或测地线限定的闭合多边形区域是首要关注点。对于非常小的区域，投影平面中的直线通常可以作为可接受的近似值，这些直线包围的面积可以由坐标公式确定，例如Richardus（1984）。在球面上，只要知道多边形侧边之间的角度，任何闭合多边形的面积都可以借助球面角超精确确定。

尽管《公约》使用的参考面是椭球面，但是对于小的闭合多边形，使用球面近似即可，那么应该选择所谓高斯曲率对应的球体半径。读者可以参考明确公式（例如Kimerling，1984）。然而，由于现代空间方法中不测量角度，所以必须首先利用多边形点的坐标确定各角度。

另一种近似方法是在保面积（等面积）投影中通过坐标方法计算面积。其缺点是测地线在这种投影面中不是直线，这不可避免地导致近似不确定性随着面积的增大而增加。例如，Gillissen（1994）通过Abel等面积投影使用了该方法。或者，如果多边形线段是斜航线，则多边形由墨卡托投影中的直线组成；然而，由于这种投影不能保持面积不变，计算得出的面积将再次出错。

Sjöberg（2006b）将 Kimerling 的方法扩展，以获得任何尺寸大地测量多边形所需精度的级数解。此外，由 Danielsen（1989）为测地线下方区域推导出的级数解可能有帮助。Baeshlin（1948）提出了椭球三角形面积的一个闭合但近似的方程。同时，对于椭球面上由经线和纬线限定的任何闭合多边形，其面积可以通过增加区块面积的闭合表达式精确确定（Baeshlin，1948）。Sjöberg（2006a）提出了与测地线相关的面积、弧长等数值计算的实用公式。

第3章　海　图

3.1　简介

《公约》规定，测算领海宽度的正常基线是沿海国官方承认的大比例尺海图所标明的沿岸低潮线。在足以确定这些线的位置的一种或几种比例尺的海图上标出直线基线、横越河口的基线和海湾封口线（或由此得出的界限）以及两国之间的分界线等。或者，可以用列出各点的地理坐标并注明大地基准点的表来代替。沿海国应将这种海图或地理坐标表妥为公布，并应将各该海图和地理坐标表的一份副本交存于联合国秘书长。这也适用于群岛基线、专属经济区和大陆架的外部界限和划界。（参见《公约》第十六条、第四十七条、第七十五条和第八十四条）

3.2　航海图

航海图是专门为满足海洋航行的要求而设计的特殊用途的地图，在显示其他信息的同时，还标明水深、海床性质、海拔、海岸的构造和特征、危险物和助航标志等信息。航海图为航海人员安全航行提供了相关信息的图示。

航海图的绘制是以海道测量为基础的。海道测量的特点是，即使在同一海图上，也是按分区进行测量。通常，海道测量不是同时覆盖一幅航海图的全部面积，而是在数年的时间里逐区进行。有些分区的水文资料可能过时，可能达不到现代标准。因此，应该注意的是，图表中显示的信息可能与实际情况不同。

航海图有模拟形式的纸质海图，也有数字形式的电子海图。1974 年《国际海上人命安全公约》（SOLAS）第五章规定了配备航海图的要求。有关规定如下：

——第 2 条对航海图的定义如下：

海图或航海出版物系指专用的图或书，或支持这种图或书的经特殊编辑的数据库，由政府主管当局、经授权的水文局或其他相关的政府机构正式颁布，用于满足航海要求。

——第 19 条中对不同类型船舶应配备的设备（包括航海图）要求如下：

2.1 所有船舶，不论其尺度大小，均应设有：

2.1.4 航海图和航海出版物，用于计划和显示船舶预定航程的航线以及标绘和监视整个航程的船位。可以安装满足本节所述航海图配备要求的电子海图显示与信息系统（ECDIS）。

——第 27 条规定航海图和航海出版物必须保持更新的要求：

航海图和航海出版物，如航路指南、灯塔表、航海通告、潮汐表，以及预定航程所需的所有其他航海出版物均应充足并保持更新。

上述三条规定表明，航海图的配备要求可通过以下方法来满足：

——配备正式和最新的纸质海图，或

——配备其型号已经批准的 ECDIS（符合国际海事组织 ECDIS 性能标准要求的电子海图显示与信息系统），并辅以适当的备份安排和最新的电子海图（ENC）。

不符合《国际海上人命安全公约》定义的航海图不符合其配备要求。根据定义，这些海图不是水道图，通常被称为私人海图，但可能符合《公约》规定的正式承认和适当公开的要求。对于电子海图，非 ENC 数据库的 ECDIS 或非 ECDIS 平台上显示的 ENCs 不满足配备要求。

国际海道测量组织采用国际标准航海图，由其成员国出版，以尽可能实现航海图的统一，并尽可能在此范围内顾及《国际海上人命安全公约》的规定。

航海图是一个有用的工具，用于研究或显示国家管辖的内外界限，或一国或多国的国家管辖之间的边界。航海图应该得到沿海国的认可，应充分详细地说明海岸的构造和包括海底在内的海岸带的地貌形态。有关沿海国也可以提供坐标表。

目前，在几乎所有国家，航海图是唯一一种最能满足法律机构和制图人员执行划界任务的海图（或地图）。必须铭记的是，航海图是专门为船舶安全通过而设计的，但它可能包含满足上述目的所必需的一些基本要素，例如：

（1）海岸线，包括相当一部分腹地；

（2）拟划界的海域。

应该记住，为了在一个平面上表示地球的曲面，有必要使用投影。使用投影会引起畸变，在使用投影进行任何定界和/或描边时必须考虑到这一点。

在使用海图时，须注意以下几个基本特性：

（1）海图投影；

（2）海图比例尺；

（3）水平基准面；

（4）垂直基准面。

这些特性对海洋边界的描述具有重要影响，因此了解这些特征至关重要，特别是在不同特征和基准的海图上绘制边界时。所使用的海图应尽可能准确地反映目前的情况，并应以最近的调查为基础。有两种不同类型的航海图：纸质海图和电子海图。电子海图又分为光栅海图（RNC）和电子海图（ENC）。

3.2.1 纸质海图

纸质海图有着悠久的历史。纸质海图是根据国际海道测量组织出版物 S-4《国际海图和海图规范》编制的。示例见图 3.1。

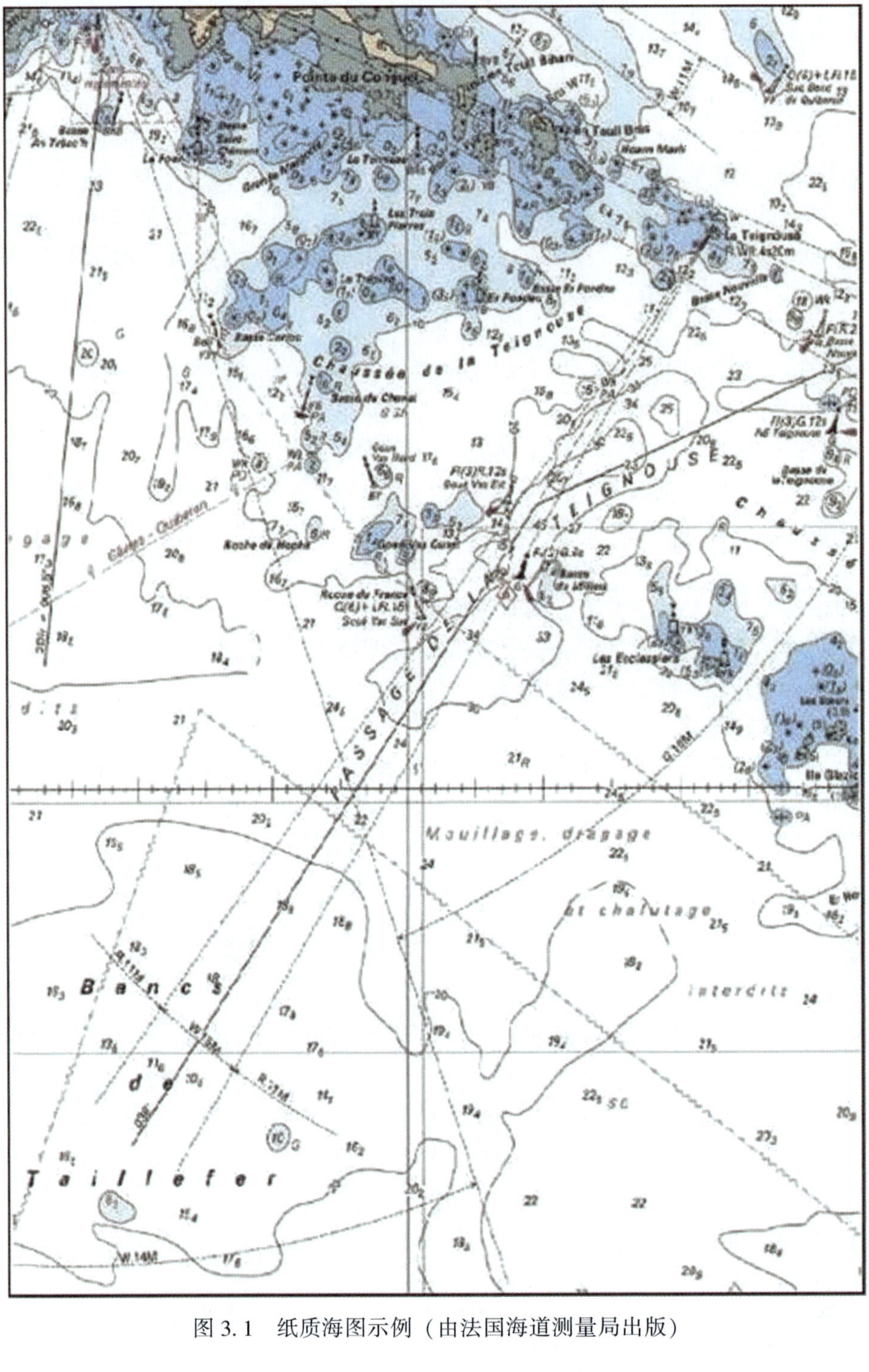

图 3.1　纸质海图示例（由法国海道测量局出版）

3.2.2 电子海图

电子海图包括海图数据库和海图显示系统。

3.2.2.1 电子海图数据库

电子海图数据库一般有两种类型：

——电子海图（ENC）；

——光栅海图（RNC）。

ENCs 和 RNCs 的内部构造是根本不同的：

——ENCs 是矢量图；

——RNCs 是光栅图。

光栅图是纸质图表的扫描被动图像的数字数据库，而矢量图是图表中所有对象（点、线、区域等）的数字表达式的数字数据库。

1）光栅海图

RNCs 是符合 IHO 出版物 S-61-光栅海图（RNC）产品规范的纸质海图的数字化光学副本。RNCs 由国家航道测量局或授权机构颁发。当在 ECDIS 屏幕上显示时，RNC 显示为纸质图表的传真，但是，它们包含重要的元数据，以确保它们具有一定的最低功能；例如地理参照机制，允许地理位置应用到图表和从图表中提取，自动更新 RNC 数字文件（以及显示修正的状态）和显示昼夜颜色。RNC 是当前纸质图表的数字拷贝，或者在某些情况下，创建 ENCs 的光栅化矢量信息。尽管该光栅化矢量信息不能像矢量图一样，由计算机程序通过分析其图表内容来自动触发警报和预警，但是，一些警报和预警功能可以通过用户手动输入 ECDIS 来实现。

2）电子海图

ENCs 是从海道测量办公室的记录中提取的单个地理参照对象的矢量图数据库，所谓的记录包括符合国际海道测量组织 ENC 产品规格的现有纸质图，该规格是 S-57 海图数据传输标准的一部分。在 ECDIS 中使用时，ENCs 内容可以在 ECDIS 屏幕上以用户选择的比例显示为无缝的类似图表的图像。由于电子显示器的尺寸和分辨率有限，由 ENCs 生成的海图图像可能不能完全复制传统的纸质海图的外观。这一明显的缺陷被 ECDIS 的特殊操作功能所弥补，ECDIS 对 ENC 数据内容（而不只是显示）进行连续监控，就船舶的位置和移动提供即时的危险警报。

3.2.3 电子海图显示系统

电子海图数据库肉眼不可见。它应该显示在屏幕上，以被识别为导航信息。将海图数据库可视化的显示系统有两种类型：电子海图系统（ECS）和电子海图显示与信息系统（ECDIS）。

3.2.3.1 电子海图系统

所有未经国际海事组织 ECDIS 性能标准测试和认证的电子海图系统一般称为“电子海图系统”（ECS）。ECS 可以使用 ENCs、RNC 或其他专门生产的海图数据库，并具有与 ECDIS 类似的功能。

一些 ECDIS 和 ECS 设备制造商生产用于其产品的专用矢量和光栅数据库。这些专用海图通常来源于水道测量局的纸质海图或水道测量局的数字数据，但这些衍生的海图没有正式的地位。

3.2.3.2 电子海图显示与信息系统

ECDIS 设备在国际海事组织 ECDIS 性能标准［IMO Resolution MSC. 232（82）］中规定如下：

电子海图显示与信息系统（ECDIS）系指一种有足够后备布置，能视为符合经修正的 1974 年 SOLAS 公约第 V/19 条和第 V/27 条要求的最新海图的航行信息系统，可有选择地显示系统电子航海图（SENC）信息及航行传感器的位置信息来帮助航海人员计划航线和监控航线，如有要求，还可显示其他关于航行的信息。

ECDIS 是一种船载导航设备，因此其使用规则应遵照国际海事组织依据《国际海上人命安全公约》给出的有关规定执行。国际海事组织采用了 ECDIS 性能标准［IMO Resolution MSC. 232（82）及后续修正案］。如果设备要用于满足 SOLAS 公约第 V/19 条的海图配备要求，则必须通过这些性能标准认证。ECDIS 设备通过类型测试实现认证。

在 ECDIS 中，ENC 数据库包含以点、线和区域形状表示的地理对象形式的图表信息，并带有单独的属性。ECDIS 中内置了适当的机制来查询数据，然后使用这些信息执行各种导航和监视功能（例如，反接地监视），并生成类似图表的显示。

在屏幕上显示的 ENC 数据是国际海道测量组织标准 S-52“ECDIS 图表内容和显示方面规范”中指定的。S-52 规范中规定的表示样式是强制性的。

只有具有最新的 ENCs 和适当的备份安排并经过类型批准的 ECDIS 才能用于替代纸质海图导航。在没有 ENCs 的情况下，《国际海上人命安全公约》规定允许船旗国授权使用 RNCs（配以适当的纸质海图）。在其他情况下，船舶必须携带其预定航程所需的所有纸质海图。

3.3 海图维护

航海图所描绘的海洋世界并非一成不变。例如：越来越精确的测量方式可获取更为精细的海底地形使我们获悉在某些地区地形不断变化；航运模式和船舶吃水的改变；港口的扩建；导航辅助设备的改变和移动；安全和环境问题导致新的路线的开辟或航行的限制；自然资源的持续开发；航行障碍物的发现等都是影响海事信息变更的因素。

必须评估所有这些航海信息，并根据需要提请航海人员注意，以支持《国际海上人命安全公约》和环境保护。为了实现这一目标，应系统、持续地通过测量人员、海洋研究机构、港口主管和灯塔管理局等，收集多种来源的资料以获取航海信息，从而更新海图。

有些信息与安全有关，必须紧急传递给航海人员；其他信息虽然具有航海意义，但不那么紧急；有些仅用于补充海洋环境的整体情况，并不紧急。海图更新的重要性不言而喻，如果海图未保持更新，其价值就会严重降低，可能会产生误导，甚至可能导致海上事故。

3.3.1 新图

新海图（NC）是一个国家海图的首次出版，可能是对已有海图范围的补充，通常不是一比一或按比例取代现有海图。

3.3.2 新版

将现有海图重新印刷出版称为新版，其中通常包含了从更新信息中获得的对导航具有重要意义的改正。新版中通常也包括对以前航海通告中所公布信息的补充性更改。但是，应该注意海图的某些部分可能保持不变。通常旧版海图将被作废，航海通告也不再对其保留，并应在新版公告中将此情况向所有用户通告说明。一旦作废，根据《国际海上人命安全公约》海图配备规定，不得再使用以前的旧版本。

3.3.3 限量版

如果某些信息需要快速添加到海图上，但由于地理范围或信息的复杂而无法通过航海通告或航海贴图公布，或因其他原因需生产短期的新版本，则可以编制“限量版”。

3.3.4 再版

再版（也称修订再版或更正再版）是原版海图的重新印刷，除去先前在航海通告（如有的话）中公布的修订外，并无任何航海意义的修订。但是，它也可以包含来自其他来源的修正，前提是这些修正对航行不重要。而原版海图始终有效。

正因为先前印刷出版的海图始终有效，所以在合并任何新信息时需要非常谨慎，以确保新信息永远不需要通过航海通告来更新。在这种情况下，航海通告只适用于海图的某些副本，因这些副本可能会给用户造成混淆。

3.3.5 航海通告

航海通告用于迅速发布与安全相关的信息，或者向航海者紧急告知。大多数海道测量局在宣传册或网站上定期发布航海通告（通常每周、每两周或每月一次）。电子海图更新公布通过数字媒体，或者利用远程更新系统来实现。

（1）海图更新（永久）文本航海通告；

（2）航海通告贴图（也称为贴图或块图）；

（3）临时（T）航海通告；

（4）预备（P）航海通告。

请注意，临时和预备航海通告不是永久性的。

3.4　可靠性

可能需要历史调查和制图数据，以帮助证明《公约》的条款是否存在不同的或特定的适用特征。大多数海图是根据水文调查结果编制的，即使使用现代化设备，也是非常耗时的工作。目前，仅有少数海洋国家开展了海洋调查。世界上大部分海底区域从未进行过适当的调查，令人惊讶的是，有些沿海水域的重要区域没有进行为适应今天航运的需要和为确定海洋界限和边界提供支持而需要的详细调查。海图质量的变化主要是由于：

（1）地理位置的确定可能基于不准确、不完善或不精确的观测；

（2）在低水位线由泥或沙等松散物质组成的区域，自调查起地貌细节形态可能已经发生变化，特别是在强流或强潮流区域，或易受强风暴影响的沿海地区；

（3）如果海图基于原印版，则当时使用的符号可能分不清等深线和低潮线。

海图的出版日期并不代表其采用的数据源的年代。一幅具有较早出版日期的海图可能添印了当前的工作成果，相反一个近期出版的当前格式的海图可能根据历史调查资料编绘。海图上会如实标识上述情况，如在历史海图的标题栏中标识。目前的海图会包括“源数据”图表，提供原始调查的详细信息、测线间距以及调查方法。这些可有助于用户对海图的质量进行评估。

就电子海图而言，置信区分类信息作为深度数据的属性提供，表明了在海图上提供数据的准确性，以协助航海人员评估航行安全。将置信区分类值分配给地理区域，以表明数据是否满足位置、深度精度和海底覆盖的最低标准。通过更详细地了解基础数据的精度限制，海员可以在特定区域航行时管理风险水平。电子海图显示与信息系统使用三角形或菱形符号图案在电子海图上显示这些置信区分类值。

3.4.1　源图

为了表示海图编绘深度及其位置在适当性和准确性等方面的置信度，在大多数海图中附有“源图”，图上包括所用数据源范围的图形显示以及文本说明。总的来说，源数据主要有两种类型的图表表示方式：

（1）传统的源图提供了资料源的调查区域和日期，用户可以从中推断出图载深度数据的可信度（图 3.2）。

（2）可信区域图是另一种源图，提供了对资料源的更为定性的评估（请参见图 3.3），以取代逐步被废除的可靠性图表。

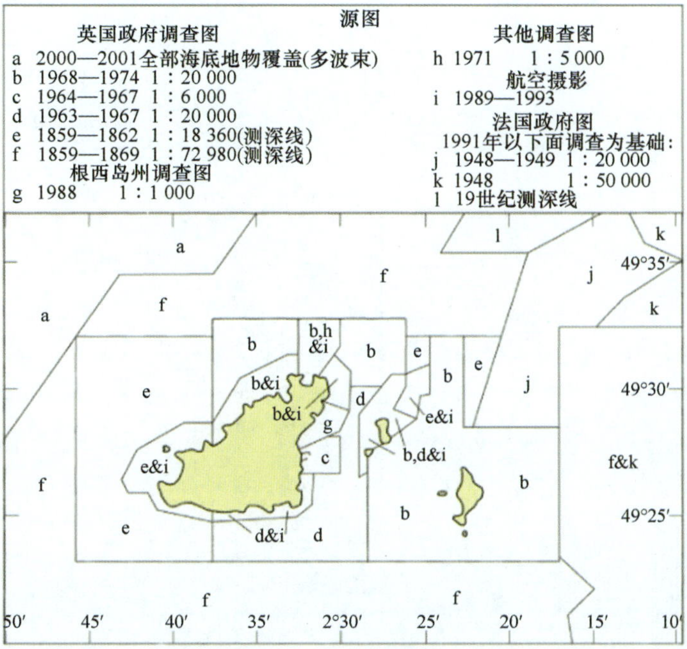

图 3.2　传统的源图

（来自 IHO 的海图规格，S-4）

3.5　投影

地球表面是一个非平面的二维表面，因此无法在没有变形的情况下被绘制在二维制图平面上。这些变形可能发生在距离、角度或面积中。现在地图或海图投影可以在一定区域内使上述变形达到最小化或者消除。投影的选择取决于对海图或地图的特定需求。没有任何投影可以准确地保留所有地面关系，要保留一个，必须牺牲另外一个。大多数海图使用墨卡托投影，因为它具有斜航线和恒向线成直线的特征，利于航行（参见第 3.9.3 节），即等角航线以相同的角度与所有子午线相交。但它也有缺点，当使用墨卡托投影时，在高纬度地区的距离和面积会大大扭曲。一些投影是“等角的”，即使比例必须从一点变化到另一点，角度和区域的形状也保持不变。

用于确定海洋边界的海图最好采用等角投影，这些投影可进行最佳角度测量、测距和测向（图 3.4）。可根据实际情况，考虑现有海图的可用性以及所涉及地理区域的特征（位置和范围），选择合适的投影。

可信区域图

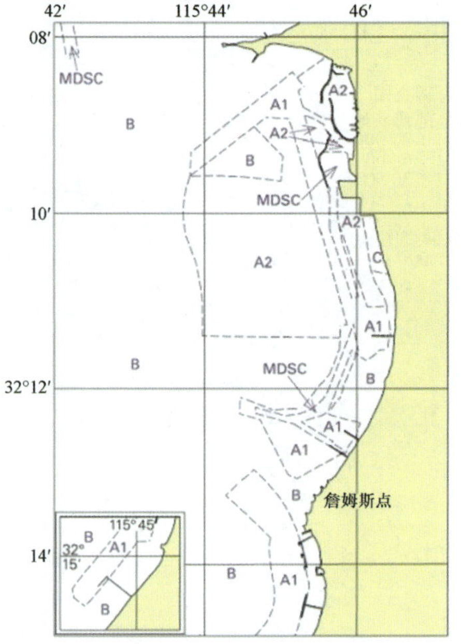

可信区域分类
（详见澳大利亚第25号海图通告）

ZOC	位置精确度	深度精确度	海底覆盖
A1	±5 m	=0.50m+1%d	能探测到所有重要海底地理实体
A2	±20 m	=1.00m+2%d	能探测到所有重要海底地理实体
B	±50 m	=1.00m+2%d	水面航行存在未知风险
C	±500 m	=2.00m+5%d	可能存在深度异常
D	比ZOC C更差	比ZOC C更差	可能存在巨大深度异常
U	未评定——测深数据的质量还未评估		
MDSC	深度可见图		

图 3.3　可信区域图
（来自国际海道测量组织的海图规格，S-4）

3.6　单位

3.6.1　距离

《公约》规定的标准距离和长度测量单位是海里（n mile）。国际海道测量组织在1929年国际海道测量学会议上批准了这个单位，其值为1 852米，相当于地理纬度44度的一弧分的长度。

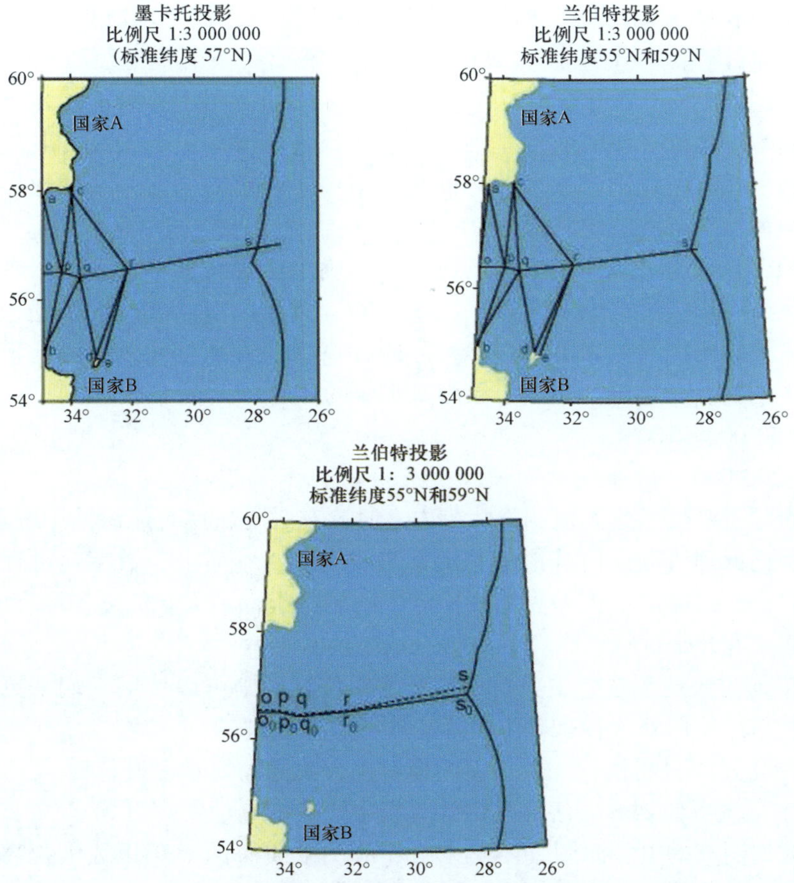

图 3.4　墨卡托和兰伯特投影对假设等距线划界的影响

3.6.2　面积

面积测量单位通常为平方千米（km^2），使用时优先于平方海里。

3.7　比例尺

海图比例尺，又名“自然比例尺”，一般以单位分数或比率表示。理论上是指海图上测量线的长度和地球表面实际距离二者之间的比值（或者用更精确椭球体面代表实际地球表面）。比例为 1/500 000 或 1∶500 000，表示海图上 1 厘米长度代表地球表面 500 000厘米（或 5 000 米）的距离。同理，1/500 或 1∶500 表示海图上 1 厘米长度代表在投影点处地球表面 500 厘米（或 5 米）。这种关系不适用于基于某些投影的海图，例如墨卡托投影。

选择最合适的投影后，有必要准备或选择要描绘区域最大可用比例尺的海图。《公约》要求在适当比例尺的海图上描绘出界限和边界线。这就要求所选比例尺应足够大，能覆盖有关区域并确保其准确性。根据《公约》第十六条的规定，直线基线、封口线（或由此产生的界限）和划界线应标示在适当比例尺的海图上，且能确定其位置，或者用列出各点的地理坐标并注明大地基准点的表来代替。海图上各种线和其他要素绘制的准确性与比例尺相关。比例尺选择的标准是：用户所确定的领海基线和边界线的精度能够达到沿海国初始编制海图的精度。

比例尺的选择直接关系到用户可以在海图上确定位置的准确性。对于专属经济区和大陆架界限，适当比例尺范围通常为 1∶100 000 至 1∶1 000 000，而描述领海内领海基线、界限和边界的比例尺应为 1∶50 000 至 1∶10 000。在所使用的各种比例尺下，绘图误差（在纸上约为 0.2 毫米，相当于绘制墨水线的宽度）大致如下：

比例 1∶50 000≈10 米

比例 1∶200 000≈40 米

当划界问题需要数字或大地测量解决方案时，有必要从现有航海图中提取数字信息。这是通过数字化低潮线和任何其他相关要素来实现的。本质上，数字化过程包括从由数字化设备（x，y，以厘米或英寸为单位）产生的局部坐标到大地纬度和经度的变换。

这个过程具有几个优点：

（1）如果通过大地测量得出更新和更准确的位置，则可以使用它们来更新海图中的旧信息。这是通过使用新位置来确定坐标变换的参数实现的。

（2）数字化过程只需执行一次，而图形解决方案则需要重复进行。

（3）数字信息可使划界方法在数字计算机中快速准确地实现。

由数字数据制成的电子海图（不是来自相应的纸质海图）可以大大提高准确性，无需出图。现有专用软件可以应用电子海图来确定海洋界限，并能够减少出错的可能性。

3.8 刻度与经纬网

3.8.1 刻度

刻度是指海图边界处经纬度划分和细分。所有海图和大多数示意图上都有刻度。示意图一般只在两侧绘有刻度。当图幅尺寸很小或刻度无法标绘时，例如在界限内连续 30 秒不出现标记，也可以不绘制刻度。刻度的式样随海图比例尺变化而变化。

3.8.2 经纬网

经纬网是由海图上代表经线和纬线的线段组成的网。

3.9 直线和距离

在确定一些基线、界限和边界时，一个重要因素是明确界定用于连接相邻转向点的“直线”的特性。“直线”可以是如下各种“弧线”。

3.9.1 大地线

大地线称为大地测量线，是给定曲面上两点之间最短距离的曲线。在本《技术手册》的上下文中，假设大地线是在特定参考椭球上计算得到的（一般来说，大地线既不是视线，也不是弦或平面曲线），它在地图上通常投影为曲线。

3.9.2 大圆航线

大圆航线是指在球体表面上以球心为圆心的圆。球面上两点间的最短距离即为经过这两点大圆航线的弧线长度。

3.9.3 恒向线/等角航线

恒向线或等角航线在墨卡托投影海图上是真实的直线。如果反投影至参考椭球，通常等角航线会不同于大地线，且也不是平面曲线（图3.5、图3.6和图3.7）。等角航线上各点的方位角相同。等角航线和大地线之间的差别十分明显，这取决于线段的长度、方向及其所处的纬度（图3.8）。

3.9.4 法截线

在参考椭球体上，法截线是指椭球面与法截面（即包含椭球面某点法线的平面）相交所得的曲线。如果椭球体扁率为0（即球体），那么所有法截线均为大圆航线，因为所有法截面都经过球心。

3.9.5 弦（在制图平面上的弦）

弦为地图平面上连接两点的直线。在墨卡托投影的海图上，弦与等角航线一致。在椭球上，弦通常不是平面曲线。

3.9.6 定向线

有时又称为“方位线”，形状随“方位”的定义不同而变化。如果规定了大地方位

（方位角），则与等角航线一致。通常，定向线在地图上为曲线，而在参考椭球上则不是平面曲线。

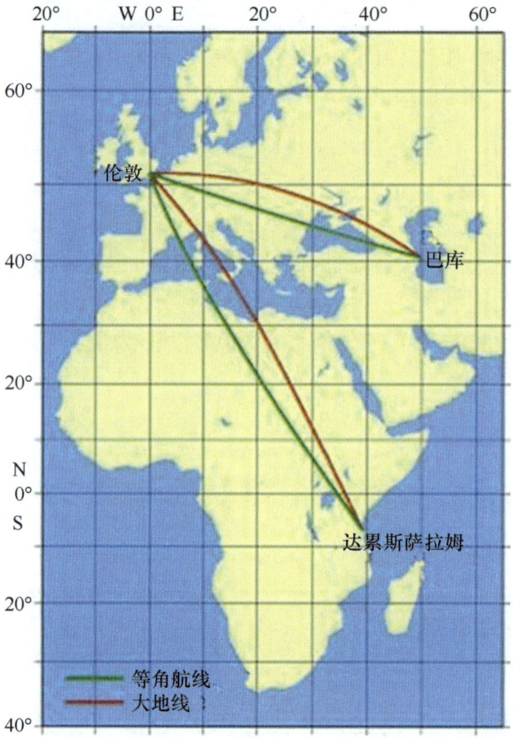

图 3.5　墨卡托投影海图上的等角航线和大地线

3.9.7　海图上的直线

在领海基线描述和边界定义中，经常会用到“直线”这一术语，因此需要明白，某种投影海图上的“直线”在另外一种投影海图上可能不是“直线”。

赤道和经线在墨卡托投影的海图上均为直线，且都是大圆航线，代表的是地球表面上两点间最短距离（直线）。平行的纬线虽然也被投影为直线，但却不是大圆航线。实际上，赤道线和经线是墨卡托投影海图上唯一被投影成直线的大圆航线。所有其他大圆航线均被投影成曲线，曲率中心均位于离其最近的极点一侧（图 3.9）。

乍看之下，此图似乎有些矛盾，因为两点间的大圆弧线（曲线距离）应小于两点间等角航线的长度（直线距离）。但是正如前文中所解释的，在这种投影中越靠近极点，投影长度比例就越大，因此对于海图上一段给定的距离来说，其实际在赤道附近所代表的地表距离要比在极点附近更大。

从图 3.9 中可以看出，大圆航线看起来比等角航线要长。但是，如果在日晷投影的海图上，大圆航线则被投影成直线，而等角航线则投影成更长的曲线。

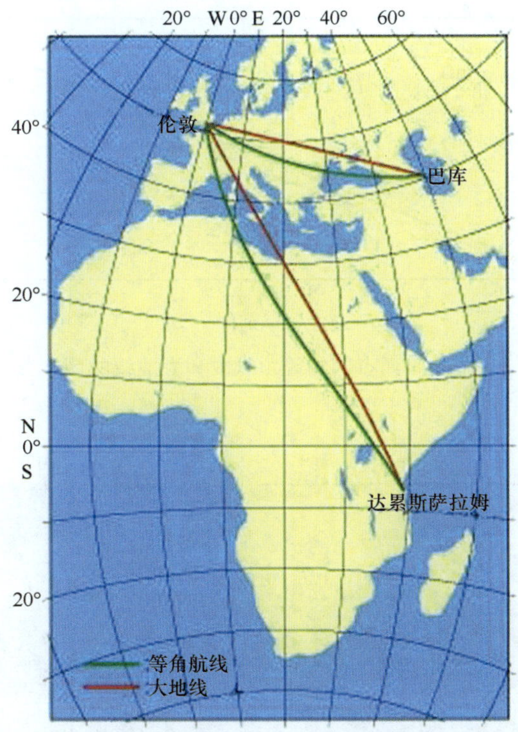

图 3.6　横轴墨卡托投影海图上的等角航线和大地线

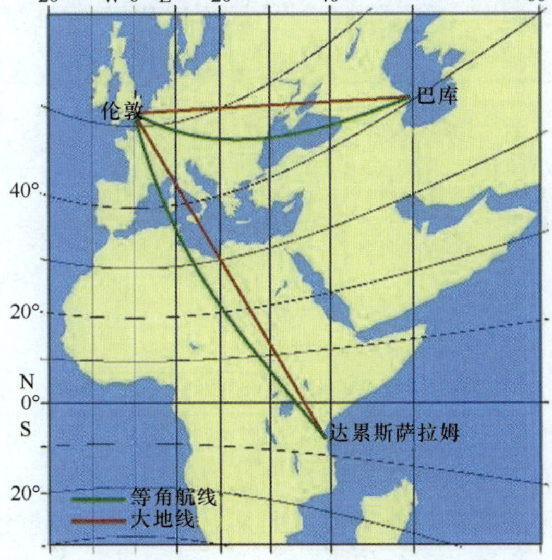

图 3.7　日晷投影海图上的等角航线和大地线

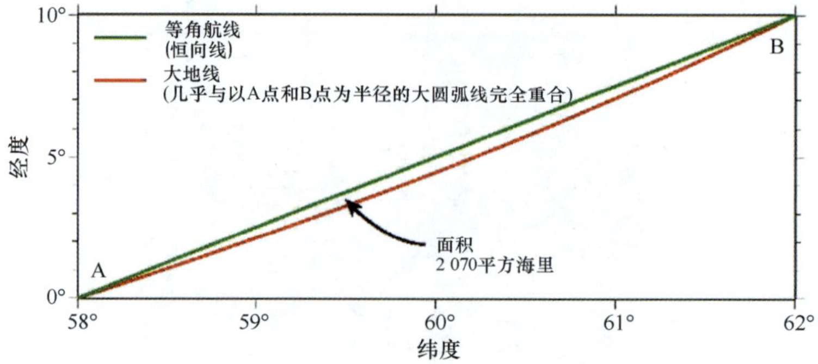

图 3.8　两点间的等角航线和大地线的区别

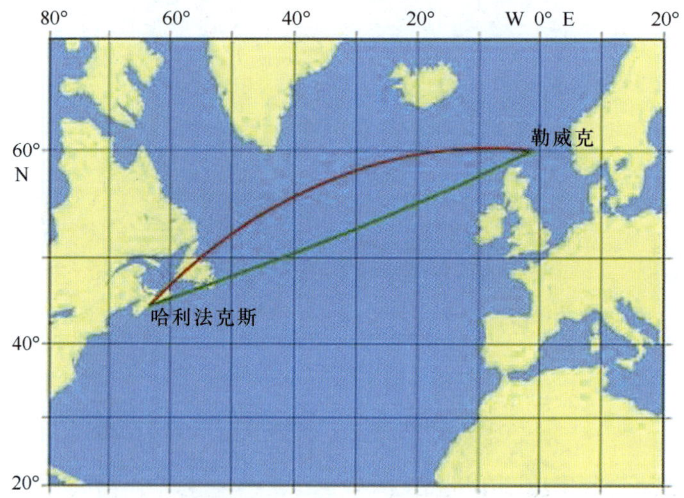

图 3.9　墨卡托投影的北大西洋部分区域的海图上的哈利法克斯和勒威克间的大圆航线（曲线）和等角航线（直线）路径

3.10　方位

方位是指地面上一点相对于另一点的水平方向，通常用相对于参考方向的角距离表示。从参考方向起算，角度按顺时针方向从 0 度增加到 360 度。术语“方位角”和“地平经度”都表示方位，有时可以互换，但在导航应用中，前者通常用于描述地表物体的方位，而后者则表示天球上某点相对于地球上某点的方向。方位包括真北方向、磁北方向和罗盘北方向［见国际海道测量组织出版物《水文词典》（S-32）］。

3.11 图上作业

3.11.1 简介

在研究海洋界限和边界时，需要在适宜海图或地图上读取或绘制地理坐标，还有可能需要在海图上勾绘界线以便于说明，或者辅助确定用于计算直线基线、界线或边界时使用的基点，或者在某些特定情况下直接确定最终界线。边界勾绘和基点选取的相关内容见第4章至第6章。

处理海图必须谨慎，以免产生误导性结果。海图通常是纸质的，因此易随温度和湿度变化而发生伸缩。但是，如果得到妥善处理，这种变化就不会对精度产生明显影响。海图上经纬线的间隔通常十分接近，只要（方位、距离、经纬度）量测值是在测量位置附近读取的，就可以限制变形的影响。海图应保持良好状态，如果可能应避免折叠。保存和运输过程中应将海图平放或卷起来，避开潮湿环境存放。

3.11.2 海里

正如第2章所述，与地球真实形状最近似的规则数学图形是圆球或椭球，而这也是大地测量工作者、勘测工作者和制图工作者的常用图形。在该图形中，赤道是一个真实的圆，而子午圈在两极略扁（图3.10）。

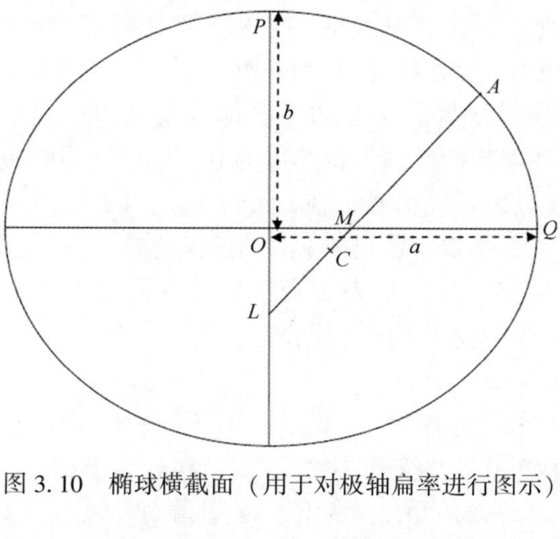

图3.10 椭球横截面（用于对极轴扁率进行图示）

图3.10中极大地放大了扁率的效果。事实上扁率很小，极点直径约为赤道直径的0.997。从图3.10中可知，经线（*PAQ*）的曲率半径不是固定的，在赤道点 *Q* 处最小，在极点 *P* 处最大。抛开地球是球体的概念，必须重新考虑纬度上角的测量基准：纬度

1 分定义为曲率半径中心处角度 1 分所对应的子午线弧长。由于椭球扁率的影响，曲率半径随纬度而变化，同样，纬度 1 分的长度也随纬度而变化，在赤道上最小，两极最大，实际长度在 1 843 米和 1 862 米之间变化。

对于一般航行来说，这种差别不太明显，但在需要精确测量时，使用标准长度值会比较方便。因此，将 1 海里的值定为 1 852 米，相当于纬度 44 度处纬度 1 分所对应的弧长。“海里”通常就是指的这个值。

值得注意的是，地球（或指地球椭球）表面纬度 1 分的长度变化与墨卡托投影中沿纬度方向的比例连续变化毫无关系。前者与地球形状相关，对所有投影都有影响。后者完全取决于采用何种方法将地球曲面在纸面上表现出来，且只对墨卡托投影的海图有影响（其他投影具有另外的变形性质）。

必须记住的是，描述各种区域（如领海、专属经济区）宽度的单位为“海里”。如上所述，其值并不是任意位置处纬度 1 分的长度，而是某个特定纬度处 1 分的长度。在进行距离精确标绘时，这种差异是十分重要的，必须纳入考虑范畴。

3.11.3 纬度和经度

定义地球表面某个位置的方法有多种。最广为人知并广泛用于海上导航的全球系统是地理坐标，即纬度和经度。在这种系统中，地球表面覆盖了纬线格网，纬线为东西走向，并且按照其在赤道以北或以南的角度来测量及编号。与纬线垂直的是子午线，或者说相等“经度”的线，这些线为南北走向，在极点交汇。按照惯例，将经过英国格林尼治的子午线称为“本初子午线”，作为 0 度参考线，而经度值则根据其在格林尼治子午线以东或以西的角度来测量。在大多数投影中，由于子午线最终交汇，因此不与纬线相交成直角，但在墨卡托投影中，纬线和经线相互垂直。

为简化球面位置坐标的计算，纬度和经度都以角观测值表示，纬度值为 0~90 度，赤道以北为北纬，赤道以南为南纬。赤道纬度为 0 度，北极点纬度为北纬 90 度，南极点纬度为南纬 90 度。经度值为 0~180 度，本初子午线以西为西经，以东为东经。东经 180 度子午线和西经 180 度子午线重合，与本初子午线正相对。国际上最初通过地球自转轴和位于英国伦敦附近原皇家格林尼治天文台原址上的指定点来定义 0 度子午线。最近，国际协议对其进行了修改，使其物理位置接近但不与国际地球自转和参考系统服务（IERS）定义的原始线相同。

通常，对“度”（单位符号用“°”表示）的角度测量又可进一步细分为“分”（单位符号为“′”）和“秒”（单位符号为“″”）。60 分为 1 度，60 秒为 1 分。考虑到数学运算需要较高的精度，如有必要，坐标值一般计算到小数点后两位。为避免与时间单位或温度单位混淆，角测量单位又称为（弧）度、（弧）分和（弧）秒。

除某些历史大比例尺示意图外，绝大多数海图上都绘有经纬刻度带。刻度一般沿图廓边界绘制。内图廓线方向一般是“北—南”向和“东—西”向，因此，分别视为经线方向（沿此方向绘制纬度刻度）和纬线方向（沿此方向绘制经度刻度）。此外，还需在海图上选择绘制经线和纬线，以便标绘和读取位置坐标。经线和纬线交叉而成的网称为“经纬网”。

3.11.3.1　墨卡托海图上的经纬度读取

在墨卡托海图上读取经纬度的方法有两种，平行尺法和圆规法。在第一种方法中，将平行尺的一边对齐坐标待读点最近的图绘纬线或经线（取决于需要的是纬线还是经线）。将平行尺置于相应图廓刻度和待读点的位置上，小心地移动平行尺，使其一边通过待读点。用尖头铅笔抵住该边绘出一条通过待读点的细实线（以进行校准检查）。然后用铅笔沿该边再绘出一条通过图廓刻度的细实线。移开平行尺，读取并记录细实线穿过的纬度或经度。重复上述步骤，读取另一坐标。必须注意的是，移动平行尺时应保持用力均衡，以免造成两尺不平行。也可以用带刻度的三角板来代替平行尺。

在第二种方法中，将圆规一脚精确地置于坐标待读点，小心地调整圆规，使另一只脚恰好触及离待读点最近的纬线或经线，从北或南，从东或西。然后将圆规置于离待读点最近的相应图廓刻度上，一脚交于相应纬线或经线的刻度上，另一脚所在纬度值或经度值即为所需。

在纸质海图上使用圆规要多加练习，以确保规脚与纸保持一定角度，能够位于所需点而不会插入纸中。若规脚经常插入，则图上精确位置将因纸张损坏而变得模糊不清。

海图在过去往往刻在印刷铜版上。改正时需先锤平相关区域的镌刻内容，然后插入正确的改正信息。这不可避免会使改正区域发生细微的版变形，导致一条或多条纬线或经线发生弯曲。虽然目前使用的海图可能没有是用铜版直接印刷出来的，但许多旧海图已被转刻到更现代的版上，变形也不可避免地带到了这些版上。

在所有可能的情况下，都应避免使用历史印版的海图，而使用其他资料或海图来代替。尽管不太可能完全做得到，但在不得不使用旧版海图时，必须加倍小心，且须考虑到其图上实际精度可能会低于标称精度。在这种情况下，通常更多地应用平行尺法。因为平行尺沿纬线或经线放置时，所接触的纬线或经线足够长，可以有效消除局部变形的影响。但是，可能没有一种方法是完全令人满意的，特别是，当待读点位置靠近海图中央时，细实线与对置的两图廓刻度交点位置可能会不一致。因此，有必要采用两个读数的平均值。

3.11.3.2　在墨卡托海图上按纬度和经度绘制位置

在墨卡托海图上，展点的过程与用平行尺法读点的过程正好相反。将平行尺沿离待展点尽可能近的纬线或经线放置，且与相应的图廓刻度和该点经度或纬度位置重叠。小心地旋转平行尺，直至可以用铅笔绘出一条通过刻带上相应纬度值或经度值的细实线，与之同方向的另一细实线应绘制得足够长，以确保经过待展点。重复上述步骤，绘出另一坐标的相关细实线，两线交点即为待展点位置。

3.11.4 墨卡托海图上方位和距离的使用

在划界中，可能需要用相对于图上已知点的方位和距离值来展点。然而，由于墨卡托投影有距离测量形变，而非墨卡托投影由于子午线投影收敛又难以绘制等方位线，因此，这种方法只能在很短的距离范围内保持精度（在比例尺限定范围内）。

方位角可以用量角器或者经过特殊设计的平行尺根据附近的子午线测出，或者也可使用位于海图上适当位置的方位圈测出。如果用方位圈，则应注意使罗盘圈对准真北方向而非磁北方向。绘出方位线后，距离可以用（同一纬线上的）纬度比例或距离比例（在非墨卡托投影海图上）测出。距离测量工具可以用圆规。

由方位角和距离定义的点位通常描述为：位于某指定特征物（也叫参考点，用精确地理坐标定义，或为海图上某个不易混淆的点）多少度方向和多远距离。指定特征物可以是灯塔或灯标。如果该点不易辨析，那么位置精度就成问题。譬如，如果特征物是一个圆形海岬，就有可能存在问题。

罗盘方位通常标示在一个绘有 0～360 度刻度的整圆中，其中正北方向为 0 度和 360 度，方位角按顺时针方向（即按照东、南、西的顺序）计算。此外，罗盘方位也可用象限法表示，如 N36E（北偏东 36 度），但这种表示法目前已很少使用。当然，罗盘方位角可以用“度+度的小数位”、“度+分（+分的小数位）”或者“度+分+秒（+秒的小数位）”形式表示。但是，如果点位是从海图上获取的，或者是用罗盘方位确定的，那么位置坐标读取时只可能计算到约 1/4 度（即 15 分）以内。如果使用上述方法，距离（非常短的距离）需以海里（不考虑纬度 1 分与前文所述国际海里的差别）表示。

3.11.5 非墨卡托海图的图上作业

基点的位置坐标通常必须在现有的最大比例尺海图上读取。在那些现有海图资源不充足的区域，精确地理坐标可能不得不从该区域大比例尺陆图上读取。大比例尺海图可能不是墨卡托投影的，而大比例尺陆地图一般不采用墨卡托投影。

在采用其他投影方式的大比例尺图时，图上相邻纬线和经线交织成的区域内，经线的收敛和纬线的曲率实际上是不定的。此时，经纬度坐标展点可以按照前文所述方法实施，而坐标读取应以离待读点最近的刻度为参考。

如果在区域内和最近的纬度刻度之间纬线的曲率可测，那么就有必要在待读点加绘一条经线，与上下图廓经度刻度交于相应值处。待读点与最近的纬线间的纬差可以用圆规在所绘经线上量出，然后到图廓纬度刻度上读取出来，反之亦然。

同样，如果经线的收敛情况是：经线在下图廓和上图廓刻度上的经度读数不同，那么就有必要在距待读点尽可能近处加绘一条局部经线，连接上下两个图廓细分上的相应值。用圆规量出这条经线和待定点的经度差，根据最近的刻度值读取。这将减少出现显著误差的几率。

在许多地图上，主要的位置参考系由方里网提供。这些通常指的是一个地方起点的南或北、东或西的距离（通常采用米或千米为单位）。尽管这里使用了熟悉的术语“北”和“东”，但这些“矩形球面坐标”并不能通过加减某个固定值的简单过程转换成纬度和经度。与地理细分相比，格网通常绘有间距更小的细分，因此也更便于使用。这样获得的局部（或国家）方里网坐标也可以用一个适当的公式转换成地理坐标，但此过程若不使用计算机和合适软件辅助处理，将极其耗时。

许多大比例尺地图的一个特点是图廓经纬细分往往绘制不密，图上常无连续的经线或纬线指示，而且地图的经纬图廓又可能不是南北向和东西向的。在这种情况下，虽然沿图廓绘有纬度间隔和经度间隔，但间距常常较宽且无中间值。经纬线交点可能以很小的交叉点标示在地图上。此时，可用铅笔线连接合适的交点，从而构建局部经纬网。

如果图廓刻度缺少详细细分也无大碍，可以用有刻度（可以细化到毫米）的直尺量取待读点到最近经线和纬线的距离，然后将该距离与测得的相邻经线或纬线的距离相比，通过简单的比例关系计算，就可以将该距离转化为纬差或经差。此外，墨卡托投影纬度方向的长度变形也不是什么问题（虽然长度变形肯定会发生在上述这些投影中，但对于展点的影响很小。如果对计算精度有要求的话，它们就很重要。使用投影数学原理计算点位坐标时，就必须将其纳入考虑范畴）。

3.11.6 在地理信息系统中处理电子航海图

尽管使用地理信息系统绘制位置或量算距离看上去比使用纸质海图更容易，但完全熟悉所使用的地理信息系统中的绘图和测量程序是非常重要的。一些简易的地理信息系统，甚至是具有完整功能的地理信息系统，都可以使用简单的方法，如仅测量显示器上计数点两个位置。基于目标，可根据需要引入已有的特殊算法库或开发适当的计算程序。

3.12 制图综合

在进行海图分析时，有必要牢记海图上的任何要素都有可能被综合。S-32将制图综合定义如下：“编制海图时由于空间限制，考虑到载负量，将次要的细节进行省略”（http://hd.iho.int/en/index.php/generalisation）。

由于图上比例不是1∶1，所以图上要素的描绘比现实世界更为密集。此外，印刷密度受限于印刷技术和（更重要的）人眼分辨率（约0.02毫米），线的印刷宽度难以减小，通常最小约为0.1毫米。为了表达要素的形状或重要性，会使用更大的尺寸。符号最小尺寸可以被视为要素描绘单元，类似于分辨率。

因此，存在一个最小尺寸以便在纸质地图上绘出要素。最小尺寸会受环境条件影响，例如颜色、印刷对比度或地图周围的光环境，这些可能会降低最小尺寸的清晰度。航海图用于在颇具挑战性的环境中导航，因此，要素绘制时经常大于上述讨论的最小尺寸。

要素的最小尺寸由地图的比例尺决定：比例尺越小，要素的实地最小尺寸反而越大。

例如，在比例尺为 1：1 000 的图上，尽管理论上 0.2 毫米的空间差异是可辨认的，而实际上并不那么容易，图纸上 0.2 毫米代表现实世界中的 20 厘米，这就意味着任何小于 20 厘米的实物是无法描绘的。当使用较小的比例尺例如 1：1 000 000 时，地图上的最小尺寸 0.2 毫米表示地面上 200 米。在某些情况下，这可能会增加到1 000 米，这也是为什么《公约》要求使用大比例尺海图或地图的原因。

航海图是为航行安全而设计的，因此必须牢记，一些对于导航安全无大碍但却不能舍弃的要素可进行移位，以免压盖与导航相关的重要要素。例如像泥浆、沙子或岩石这些海底底质符号可移位，防止遮盖关键的水深深度等信息。

为了清晰可见，在较小比例尺的海图中，诸如等深线和海岸线等弯弯曲曲的线常被简化，特别是等深线将被合并到陡峭的海底地形中。

第4章　基　线

本章介绍3种类型基线：正常基线、直线基线和直线群岛基线。

正常基线是确定领海和其他海上区域的基本元素。它被定义为海岸的低潮线，标注在沿海国大比例尺海图上。

直线基线定义为连接海岸线上依《公约》第七条规定标准所选择的点的各段直线。它们将内水和领海及其他海洋区域区分开。

直线群岛基线定义为通过依《公约》第四十七条构建的一系列直线连接各岛最外缘定义一个岛屿群的边缘。

4.1　正常基线

正常基线的一般定义包含《公约》第五条、第六条、第十一条和第十三条所述的要素，即沿大陆海岸和岛屿周围的低潮线（包括永久海港工程的外缘线）、某些低潮高地的低潮线，以及岛屿周围的环礁和岸礁的向海低潮线。

在经过较好测量和制图的地区，低潮线清晰地描绘在大比例尺海图上。通常，低潮线的任意部分的大比例尺图都会包含最新的成果，并详细地描述这些成果。然而，应该指出的是，在世界的许多地方高潮线和5米等深线之间的区域往往基于旧数据。正如第3章所述，低潮线对应海图基准的局部基准。在潮差很小或者没有潮差的地方，或者海岸非常陡峭的地方，海图上高潮线和低潮线之间的区域可能无法描绘出来。在这种情况下，图表上显示的海岸线可以当作正常基线。

在旧海图上，特别是存在大量沙洲或近岸礁石的区域，或者一般来说浅水要素相对复杂的区域，所使用的符号可能并不总是明确区分低潮线和浅水等深线。有时，这种表示方法更倾向于指示特征的存在，而不是精确指出它的性质。《航路指南》（通常由海图出版社出版）可能提供一些帮助，以解决孤立浅滩或暗礁是否属于低潮高地的问题。在某些情况下，可以通过参考更新的陆地地图，或通过查阅可能用于绘制原始海图的航空摄影或卫星影像来解决这个问题。如果存在严重的疑问，则最好通过实地调查解决这个问题。

可能在有些情况下，仅有的可用海图是基于没有进行足够大地测量控制的数据。这样的海图不仅可能存在整体位置误差，而且不同地形特征间的相对位置也可能存在误差。这种差异只能通过新的测量得到妥善解决。如果双边边界谈判不能因花费大量时间开展这一工作而推迟，应该使用可获得的最佳补充信息，这些信息通常可以在陆图上找到。如果该地区实现了系统的航空摄影覆盖，则可以识别实际的海岸线（低潮线）或潜在的基点。这种坐标测定方法通常优于从地图坐标系中得到坐标。此外，还可以考虑高分辨率卫星影像。

《公约》第五条规定，划定正常基线的低潮线应当由沿海国官方承认的海图确定。并非所有的沿海国家都公布了自己的图表，而且对于许多沿海区域来说，可能需要数年后才能制作出适合用于基线确定的海图。在这种情况下，如果可能，建议采用首次在该区域制图的国家发行的海图。

当参考海图、地图、航空拍摄、卫星影像或者其他文件时，应当注意始终使用最近和最新的版本。此外，要核实在指定的海图发行日后所发布的更正已被合并。

4.2 直线基线

直线基线可由《公约》所界定的以下情形下的一条或者多条直线段来确定：

（1）穿过河口；

（2）穿过管辖海湾口或历史海湾口；

（3）直线基线系统的一部分；

（4）群岛直线基线。

在考虑应用任一有关的《公约》条款时，必须仔细研究有关条款的技术规定，即使这些条款并不总是提供真正的客观标准。

4.2.1 河口

如果河流直接流入大海，基线应该是一条在两岸低潮线上两点之间横越河口的直线（《公约》第九条）。

4.2.2 海湾封口线

根据《公约》第十条提供的详细且客观的标准划定法律定义上的海湾封口线是一个复杂的过程。《公约》仅对划定海岸单属于一国的法律定义上的海湾封口线给出了相关规定。历史海湾的处理不太明确，仅在《公约》第二九八条有关争端解决的规定中提到。

在划定法律定义上的海湾封口线时，必须明确以下两个方面：是否存在明显的水曲；确定封口线终端的适当点的位置。

识别“天然入口”可能会出现困难，尽管《公约》要求海湾应该是一个“明显的水曲”。当海湾入口有岛屿的时候，或者海湾的一侧偏离海岸的总体方向而向内弯曲时，确定湾口封口线可能存在困难。尽管一些国家已经形成了自己的方法，但在确定“天然入口”方面还没有达到普遍共识。如果一个或者多个海岛位于湾口，则海湾会存在多个入口。第十条使用了“低潮标”，通常被解读为“低潮线”的同义词。

通过比较两个区域（图 4.1），《公约》详述了确定明显水曲是否为法律定义上的海湾的一些测试：

（1）一个半圆的面积，其直径等于连接海湾天然入口两端的线的长度。如果存在一个以上河口，那么该半圆的直径（两倍的半径）等于连接不同河口的天然入口两端的线的长度的总和。可以采用平面半圆面积的常规计算方法近似地计算出该区域的面积。在需要更加精确的结果的重要情况下，应当使用大地测量法。

（2）在连接天然入口两端的线和水曲岸线（低潮线）包围的水曲水域。该水曲内任何岛屿的面积都应作为水域的一部分。

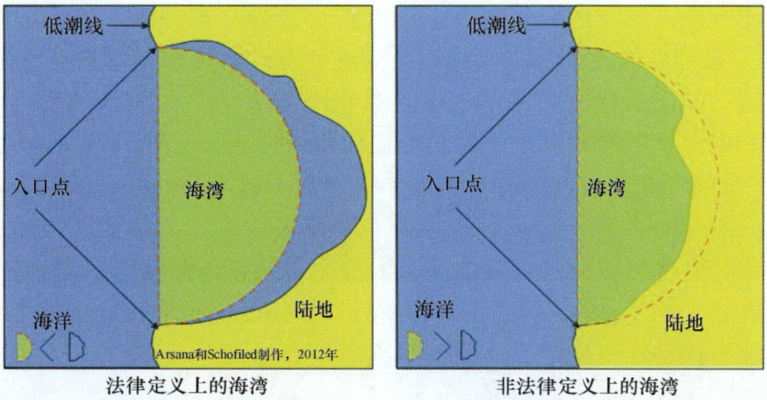

图4.1　法律定义上的海湾——左面，由海湾封口线和水曲低潮线限定的区域面积大于半圆的面积，因此符合法律定义上的海湾的要求；非法律定义上的海湾——右面，由海湾封口线和水曲低潮线限定的区域面积小于半圆的面积，则不符合法律定义上的海湾的要求

（动画：https://iho.int/uploads/user/pubs/cb/C-51/animations/eng/Figure4_1.ppt）

确定水曲是一个法律定义上的海湾后，就需要考虑封口线的位置。如果存在两个或更多的封口线，则这个过程中的关键参数是天然入口两端封口线的长度，或封口线长度之和。为了本文讨论的目的，该长度称为“封口长度”。

如果封口长度不超过24海里，则可以使用直线或多条直线封闭海湾。如果封口长度超过24海里，就有必要在海湾内确定一条新的更短的封口线。通常，封口线的位置并不难确定，通过查阅海图应当就可以确定其大概位置。

往往发生这种情况，一个单独的大的水曲岸线周围也许有大量更小的水曲，其中一些小水曲可能分别满足法律定义上的海湾的标准。如果大的水曲入口宽度超过24海里，那么可能不能将其封口并作为法律定义上的海湾，但是更小的水曲如果各自满足条件，则能作为法律定义上的海湾处理。

如果A1比海湾的面积大，那么该水曲不能被认作法律定义上的海湾，且也不能封口。主海湾内可能存在子水曲，且其中一些可能分别满足法律定义上的海湾的条件。在考查一个水曲是否可作为海湾处理时，该水曲内的岛屿必须作为水域的一部分。

4.2.3 直线基线系统

《公约》第七条允许沿海国划定直线基线代替正常基线，或与正常基线混合使用，例如海岸低潮线，只要其满足该条指定的条件，即“海岸线极为曲折的地方，或者如果紧接海岸有一系列岛屿”。

在这些情况下允许采用直线基线的理由是避免产生极不规则的正常基线，以及由此而产生的同样不规则的海洋区域外部界限。虽然《公约》本身并不包括构成海岸线“极为曲折”或“一系列岛屿”的标准和指南，但在联合国出版物《基线》中包含了对这一主题的详细讨论。该出版物也详细阐述了什么情况构成“一系列岛屿”和“紧邻”。下文引用该出版物的原文，并对其中一些情况进行深入说明：

“由于有三角洲和其他自然条件导致海岸线非常不稳定，可以沿低潮线向海最远处选择基点。”

海岸线的不稳定性可以通过将新的测量、地图、航空影像等与旧的比较来进行检查。结论的可靠性在一定程度上取决于该项研究持续的期限：某些海岸线易发生较大的短期改变，但长期来看保持相对稳定。这项规定不应该和处理河口封口的《公约》第九条相混淆。

“直线基线的划定不应在任何明显的程度上偏离海岸的一般方向。”

从技术角度看，这一描述所指的是海岸线总体方向与建议的直线基线之间的收敛角或发散角，无论如何这是可以确定的。在这种情况下，还值得注意的是，《公约》没有明确规定一条直线基线的最大允许长度。

“直线基线内的海域必须充分接近陆地领土，使其受内水制度的支配。”

关于确定什么是物理接近性中的“充分接近”，没有明确的数学标准。

“仅当低潮高地上筑有永久高于海平面的灯塔或类似设施时，直线基线可以低潮高地为起讫点。尽管不符合以上条件，但已获得国际一般承认者例外。”

“在确定特定的直线基线时，可考虑有关区域所特有的经济和历史因素。”

“禁止以划定直线基线的方式防止另一国从其领海进入公海或者专属经济区。”

4.3 群岛直线基线

《公约》第四十六条定义了群岛和群岛国家的特征。

《公约》第四十七条包含了构建群岛基线的具体技术标准。

群岛基线必须包围群岛的主要岛屿，不过《公约》第四十七条没有清晰地定义“主要岛屿”。被基线包围的区域内的水面积和陆域面积之比必须在1∶1和9∶1之间。陆域面积可以包括环礁、岛屿、干出礁和封闭潟湖水域，以及岛屿岸礁内的水域。

基线不得在任何明显的程度上偏离群岛的一般轮廓，正如“海岸的一般方向”一样，这是一个主观标准。大多情况下，很可能群岛基线本身即可反映群岛的一般轮廓。

单一基线的长度不得超过 100 海里，只有划定群岛基线时，允许不超过总数 3%的群岛基线可以长达 125 海里。可以绘制的基线线段数量没有限制。但是，如果为了包括大量长度超过 100 海里的线段，而决定增加更短线段的数量以满足 3%的标准，那么必须注意还要满足其他标准。

基线（图 4.2）可以划为连接群岛的最外缘各岛和各干礁的最外缘各点的连线。但是基线划定不能以低潮高地为起讫点，除非：①其上筑有永久高于海平面的灯塔或类似设施；②该低潮高地完全地或部分地位于最近岛屿的领海宽度内。这些规定与《公约》第七条第 4 款关于直线基线制度的规定不同。

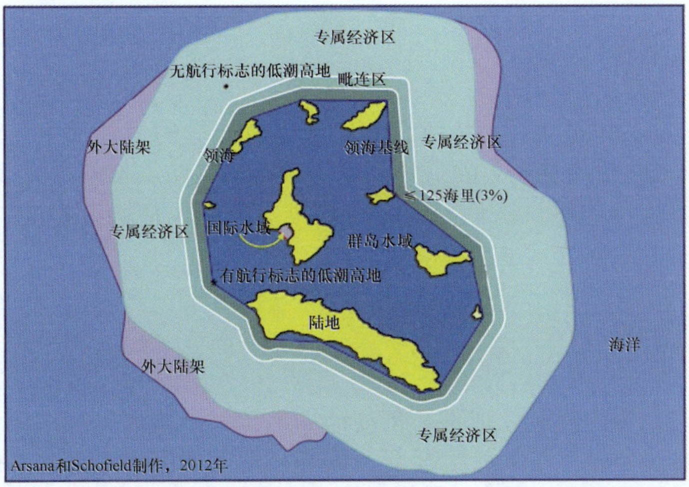

图 4.2　群岛直线基线

（动画：https：//iho. int/uploads/user/pubs/cb/C-51/animations/eng/Figure4_2. ppt）

（资料来源：Francalanci and Romano，1986）

《公约》第四十七条第 5 款要求群岛基线制度“……不应采用……致使另一国的领海同公海或专属经济区隔断”。

4.4　岛屿

即使在详细的海图上也不总是能够确定一个小的地形是自然岛屿、人工岛屿，还是其上筑有建筑物的低潮高地（图 4.3）。参考《航路指南》来解决这个问题也许是可行的。如果不行的话，有必要进行实地考察或开展海道测量，以确定该地貌是低潮高地还是岛屿。

《公约》第一二一条第 1 款将岛屿定义为四面环水并在高潮时高于水面的任何自然形成的陆地区域。不管低潮线包围的这样的地貌大小如何，都可以构成基线或基线的一部分，并从这些基线开始测量海上区域。如果这一地貌是岩石，不能维持人类居住或其自身的经济生活，那么它不应拥有专属经济区或大陆架。《公约》没有明确地定义岩石，也没有将岩石和岛屿加以区分。

依《公约》第七条第1款，海岸附近的一系列岛屿可以用于建立直线基线。

4.5 特殊情况

必须对一些关于基线的特殊情况进行研究。它们代表适用“正常基线”的例外和限制，包括：沿岸设施、近海装置、低潮高地和暗礁。此外，还要考虑到在两国边界的直线基线系统的终止处。

4.5.1 沿岸设施

《公约》第十一条规定“……构成海港体系组成部分的最外部永久海港工程视为海岸的一部分”。通常包括所有永久的工程，如港口码头、防波堤等，以及海岸保护工程，如海堤，所有这些工程使得自然低潮线变得模糊。但不包括构造物，如污水排放口等，这些不是港口工程的一部分，也与海岸保护没有关系。

4.5.2 近海设施

包括人工岛屿在内的近海设施不具备岛屿的地位，不构成基线的一部分，它们没有自己的领海。但是请注意，在某些情况下，低潮高地上如果建造有永久高于海平面的灯塔或类似设施，则其可能作为直线基线或群岛基线的起讫点（《公约》第七条和第四十七条）。

4.5.3 低潮高地（《公约》第十三条）

《公约》第十三条定义了低潮高地，它是“在低潮时四面环水而在高潮时没入水中的自然形成的陆地”（图4.3）。

自然形成的低潮高地只有当全部或部分位于大陆或岛屿的领海宽度内时，可以作为“正常”基线的一部分。如果低潮高地全部位于领海以外，则不能作为基线的一部分（图4.4）。

只有当低潮高地上筑有永久高于海平面的灯塔或类似设施时，才能作为直线基线的起讫点，但是获得国际普遍认可的除外。

如果低潮高地符合距离标准（同正常基线），或者筑有永久高于海平面的灯塔或者类似设施，则可以作为直线群岛基线的起讫点。

4.5.4 礁石

当岛屿位于环礁或有岸礁环列的情形下，基线是沿海国家正式承认的在海图上用适

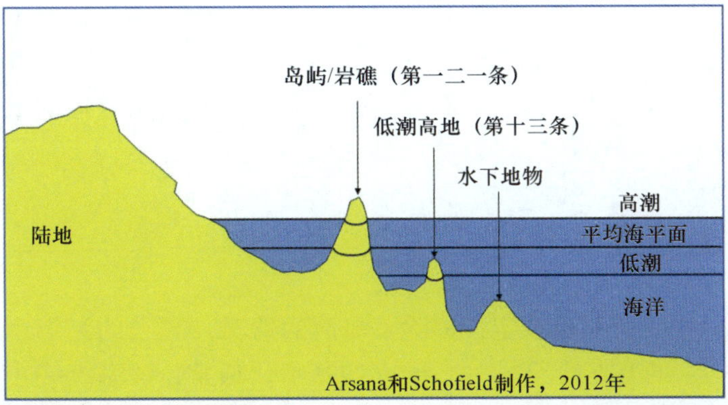

图 4.3　岛屿和低潮高地。如果低潮高地完全位于陆地或岛屿的领海宽度以外，则该高地不可作为基线的一部分（见图 4.4）

（动画：https：//iho. int/uploads/user/pubs/cb/C-51/animations/eng/Figure4_3. ppt）

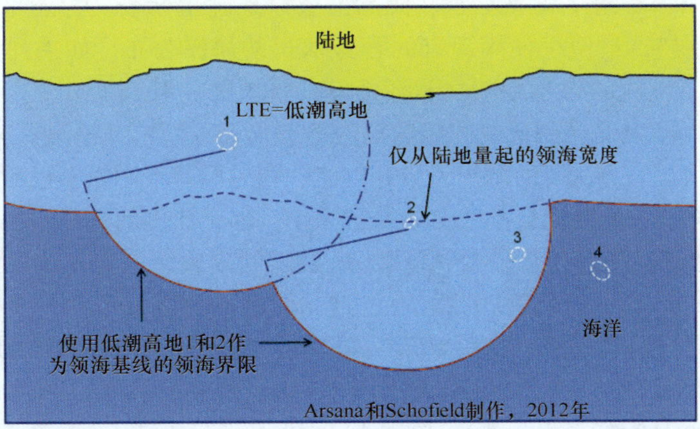

图 4.4　低潮高地和海洋区域的产生。LTEs3 和 4 不能用来定义基线，因为它们位于领海宽度以外

（动画：https：//iho. int/uploads/user/pubs/cb/C-51/animations/eng/Figure4_4. ppt）

当标志显示的礁石的向海低潮线。

在海图上绘制珊瑚礁需要进行说明。珊瑚礁是由生活在浅水中的生物构成，且长时间暴露于空气则不能存活。因此，由于其特性，活珊瑚礁不能在低潮线以上延伸太多，而其顶部往往由于波浪作用变平。事实上，通常珊瑚礁最浅的部分可能延伸到相当大的区域，形成海台，其大部分位于低潮线以下，但是大量小珊瑚的生长延伸到低潮线以上。在这样的海域内只有非常小的船只或者独木舟才能通过，而且考虑到碎波的影响，其向海一侧通常是无法接近的。

习惯上，将一系列的礁台区作为单一的干珊瑚礁台区绘制，因为不可能绘制出单个礁台，而且从实际用途看该区域也是不可通航的。海图上干珊瑚礁符号用于表示礁石的范围，其边缘可以理解为“……礁石的向海低潮线，以适当符号标示……”在一些图表上，用于珊瑚礁符号标示的珊瑚礁区域上会显示实际水深。通常情况下，这仅表明测量员能够在众多的障碍物间获取水深。

以适当符号标出且不是环礁组成部分的孤立礁块，可视为普通的低潮高地，并按低潮高地处理。

4.5.5 边界上的直线基线

虽然《公约》中没有明确规定，但除了海湾的情况（《公约》第十条）之外，直线基线不应从一个国家的基点绘至另一个国家的基点。通常，该系统终止于使用直线基线的国家的低潮线上的某一点。然而，实际上确实存在跨两个国家的直线基线。

4.6 公布基线

依《公约》第十六条，基线必须在海图上或以地理坐标表妥为公布。一般，由低潮线组成“正常基线”，最便于使用现有的官方认可的海图公布。如果列出足够多的地理坐标以界定整个低潮线的必要细节，那将是极其繁琐的任务。不过，直线基线也可通过列出每一直线段端点的基于明确的测量数据的地理坐标以简单且精确界定。

如果没有沿海国官方认可的海图，最好创建一幅专门基线图发布已确定的基线，无论正常基线或直线基线，还是混合基线。如果被采用，那么比例的选择是很重要的。这将取决于适用于从基线量起的各类海洋区域执法所要求的准确性。为了读取海图上的某一位置，如最近的 30 米（约一秒纬度的弧长），这张海图的比例尺大约是 1∶75 000。但是，这个比例较大，不便于显示相当长的海岸。在大多数情况下，1∶100 000 至 1∶250 000 间的比例足以显示基线。

在定义基线和从它们派生出来的边界时，为了管理和控制沿海重要资源，如碳氢化合物和矿物质，要求高精度地定义基线和以基线为基础测算的边界线，这很可能需要大地测量技术来实现。

4.7 大地测量注解：勘测、测线和区域

第 2 章中关于测量和调查问题的综合评述，对于精确确定基线至关重要。该节应当结合本章阅读。

当定义直线基线时，指明是恒向线（即方位线）还是测地线很重要，特别是长基线时。恒向线在墨卡托投影上显示为直线，线上每一个点相对于该线的起点和终点的方位角维持不变。而测地线则是在一个曲面上定义的一条线（通常参考椭球体），是其两个端点间的最短距离。除了特殊情况，测地线在大部分投影下是一条曲线（即使用它定义“直线基线”时），且线上各点相对于起点或终点的方位角不同。

恒向线和测地线间的差异随纬度和该线长度的增加而增加。例如，纬度 60°，两端点

距离 45 海里，恒向线和测地线间最大距离可达 236 米。在 1∶200 000 比例尺的海图上，这个差别仅 1 毫米余，在任何目的的应用中可以忽略不计。但是当确定允许的最长群岛基线（125 海里）时，在同样的纬度上，恒向线和测地线间的间隔可达 1 820 米，几乎整整 1 海里。这种情况下，两种可能的“直线”基线差别非常显著。

当需要计算被直线基线包围的区域时，就会出现一些情况，例如涉及海湾和群岛时。一般来说，该区域的面积大小会随着用于描述和定义周围基线的表面的不同而不同。当基线在地图上显示为直线时，投影面积可以用解析几何相当简单地计算出来。然而，为了获得正确的面积值，即在水平基准面上的数据，除非采用等面积地图投影，否则须对投影面积进行调整以解释地图变形。这不是一个简单的任务，最好留给数学制图专家来完成。有几个地理信息系统软件应用程序可用来计算椭球体上多边形的面积，而多边形的闭合线的定义也成为获得精确结果的关键。

第 5 章　外部界限

5.1　简介

这一章讨论了沿海国管辖的海洋区域及其外部界限的定义，其中的界限是在与相向或相邻海岸国家存在主张重叠情况下，沿海国根据《公约》所能主张的最大范围。本章假定领海基线已经按照第 4 章所讨论的方法得以确定。

仅在划定大陆架外部界限时，对于按照《公约》第七十六条规定从测算领海宽度的基线（简称领海基线）量起超过 200 海里的大陆架，其外部界限可以被定义为从领海基线量起的特定距离（图 5.1）。除此之外，规定领海的宽度不得超过 12 海里（参见《公约》第三条），毗连区不得超过 24 海里（参见《公约》第三十三条），专属经济区不得超过 200 海里（参见《公约》第五十七条）。这些外部界限的精确界定需要用到第 2 章的大地测量学。通过图形几何方法所确定的外部界限则没有那么准确，因此不推荐使用。

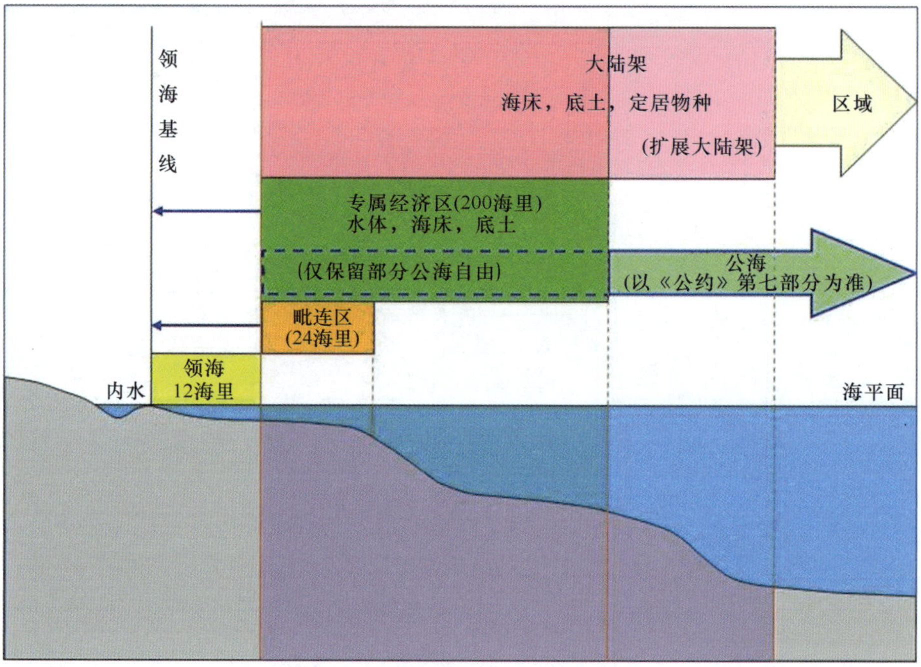

图 5.1　沿海国管辖海域示意图

根据《公约》第七十六条（图 5.1）的规定，大陆架可能延伸至从领海基线量起 200 海里的区域，也可能延伸至从领海基线量起超过 200 海里的区域。大陆架的外部界限就是国家管辖海域和《公约》第一条规定的“区域”之间的边界。根据《公约》第一二一条的规定，岛屿被视为和其他陆地领土一样；而不能维持人类居住或本身的经济生活的岩礁，不应有专属经济区和大陆架。

5.2　距离限制线

5.2.1　一般特征

距离限制线既可以从正常基线也可以从直线基线量算。从几何学角度看，直线基线法会产生一个近似直线和圆弧的体系，而正常基线将产生与低潮线自身形状相似的界限。

值得注意的是，距离界限不会完全反映出海岸深凹口的趋向，因为从凹口相对的两侧量算距离的直线相交于向海方向的一点（图 5.2）。

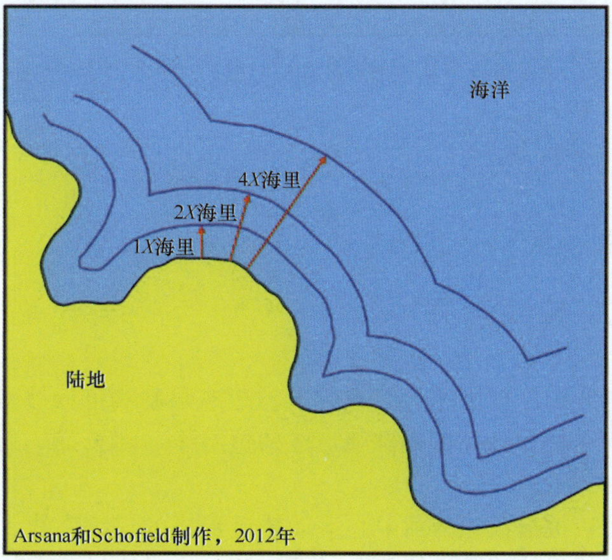

图 5.2　许多界限是由线组成的，这些线上的点到领海基线的距离都是固定的，离岸距离越远的界限越难反映基线的弯曲度

由于地球不是平的，加之所有的投影都会有一定程度的变形，所以只能运用传统的方法来绘制界限，且边界只能限制在有限的面积和距离范围内。例如，一条很长的基线无论是测地线还是恒向线，采用纯粹的图形量算法都可能出现错误。

忽略曲面的复杂性更有利于描述，因此本节将使用平面几何术语。然而，应该理解的是，在实践中的计算需用大地测量方式，而且任何投影下的“圆”和“直线”都不会严格地将真实的圆和直线投到地图上。

在平面几何中，距离基线 X 海里的单侧界限是（图 5.3）：

——对于直线基线而言，是一条与其平行且距离其 X 海里的直线；

——对于基点而言，是一个以该点为圆心的半径为 X 海里的弧。

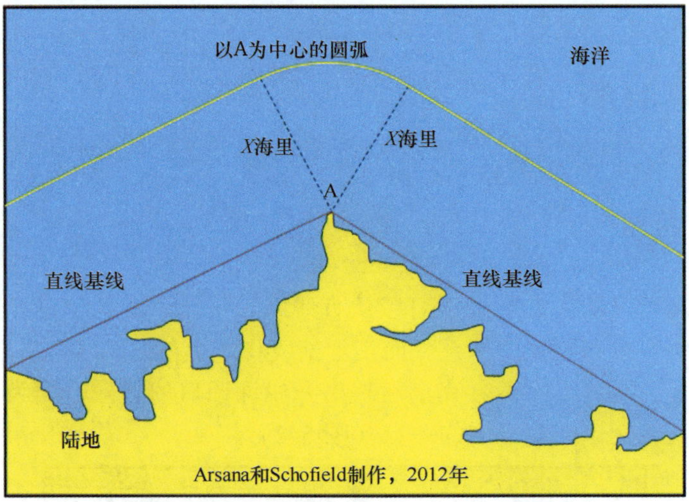

图 5.3 在平面几何术语中，从一条直线基线量起的 12 海里的界限是一条距离基线 12 海里并与其平行的直线。对于一个单独的基点而言，这一界限是以该基点为中心，半径为 12 海里的弧

（资料来源：CARIS 训练手册）

5.2.2 距离限制线的划分

原则上，正常基线可以被描述为无数的点。距离限制线可以被表述为以正常基线上的点为圆心，半径为 X 海里的一系列圆弧形成的包络线（图 5.4）。计算机算法有助于这个步骤的实施。

管辖权的界限可以被形象化为圆中心运动轨迹形成的连续直线，该圆的半径为 R 海里，其在滚动时与基线保持着一定的关联（图 5.5）。

注意，上面的描述满足以下要求：在向海界限上的每一个点距离基线上最近的点为 X 海里（参见《公约》第四条）。如果是平行线或复制线，这个要求就不能被满足。这两种线是垂直于基线平均方向，距离基线为 X 海里所构造出来的线。另外，在大多数不切实际的情况下，这样的一条线并不符合《公约》的规定。

5.2.3 作图法

尽管作图法没有那么精确，也不建议在构建外部界限中使用，然而和大地测量法相

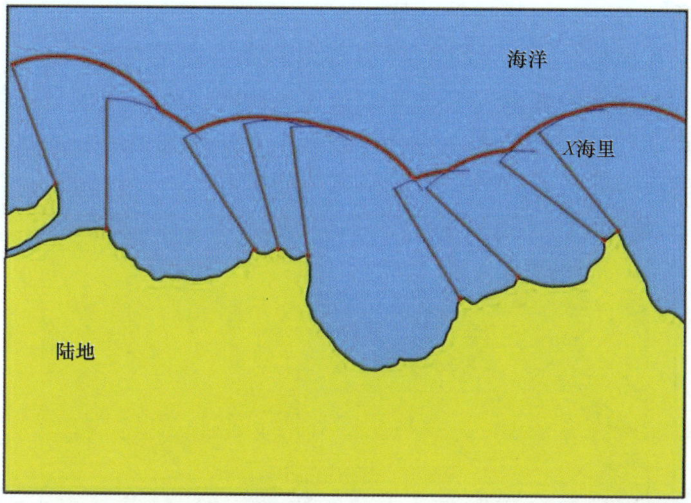

图 5.4　正常基线可以被描述为无数的点，实际上，对于特定界限的计算，仅需要一些点即可，这样的界限可以被描述为以基线上挑选的点为中心的系列圆弧所形成的包络线，这些点也就是基点

（资料来源：CARIS 训练手册）

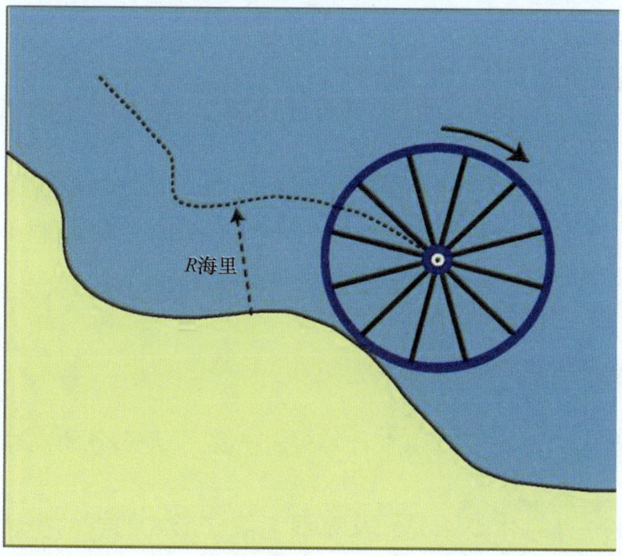

图 5.5　距离为 R 海里的界限可以被形象化为，半径为 R 海里的水平车轮的中心运动形成的连续直线，其在滚动时与基线保持着一定的关联

比，作图法可以很容易地得到大致的外部界限，再通过大地测量法进行校正。作图法的步骤如下：根据要求的距离放置圆规以绘制外部界限；然后在基线适当间隔的位置依次放置圆规的圆心，这样在每个位置的对面就会绘制出一段短弧；如果在基线上选定的点的间距合理，一个平滑的外边界将由相交的弧自动形成（图 5.4）。

在海岸缩进的地方，有可能从形成水曲的海岬上构造弧形，而忽略掉里面的海岸。这取决于该位置的几何形状，即水曲需要充分内凹，以确保海岸线上所有的点所产生的弧都被包在从海岬上构造的弧内（在第4章所讨论的构成海湾的水曲在此不予考虑）。同样的，在某个基点所处的海岬对面，一条界限在与相邻的基点形成的弧线相交之前，可能会沿着海岬上的单一弧线延续很长一段距离（图5.6）。

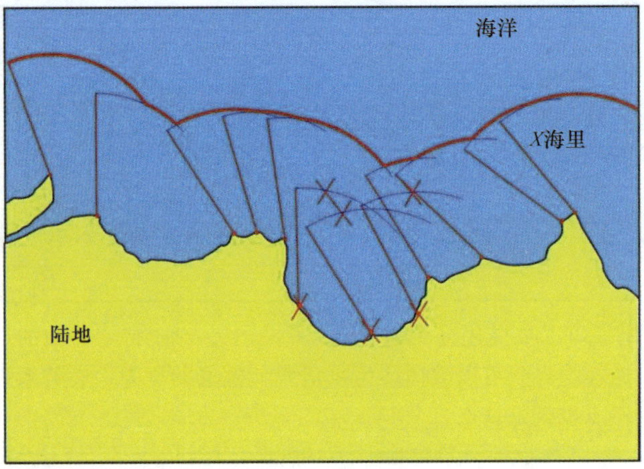

图5.6　在缩进的海岸处，也许可以从形成水曲入口的海岬构造出弧形，而忽略其内部的海岸

在笔直的海岸或形成光滑凸曲线的地方，基线上点的距离非常重要。间距的选择实际上是在构建一条“完美”的外部界限和构造的努力程度之间做出妥协。随着计算机工具的出现，这一问题不复存在。

可以很容易地证实，如果外部界限被正确地构建，基线的不规则性将在某种程度上被反映在外部界限上。从基线量起的区域宽度越大，外部界限绘制得就越平滑，基点对绘制所产生的影响就越小。

5.2.4　计算

自动化或半自动化的方法可以用来计算外部界限。大部分的高精度要求只能通过计算来实现。

计算外部界限的一个基本要求是，从基线上数字形式的点的坐标序列开始。在大多数情况下，这些坐标将会被列入沿海国官方文件的列表中。而当坐标未被官方公布时，可以使用数字化表格将它们从详细的图表中提取出来，或者通过目测来确定线上所需要的点的坐标。这些基线上点的位置和间距以及确定坐标的谨慎程度，都将影响到外部界限的准确度。关于构建基线的原则见第4章中所述。

在计算外部界限的坐标时，必须使用能够进行大地测量的软件，以考虑地球表面曲率的变化。如果不这样做，在绘制外部界限时将会产生不可忽视的误差。

5.3　领海界限

每个国家都有权设立从其领海基线量起不超过 12 海里宽度的领海（参见《公约》第三条）。领海界限可以根据第 5.2 节的程序划定 12 海里的距离。

由于领海的宽度相对较窄，通过直接在海图上标出界限就能获得足够的精度。如果使用墨卡托投影，必须注意要改正因纬度变化所产生的比例尺变形，特别是基于较长的直线基线的测算更应注意这个问题。如果在整条线上有较大的比例尺变形，则在海图上的界限可能不是一条与基线平行的线。在实际操作中，建议使用大地测量计算技术来获得可接受的精度。

5.4　毗连区界限

毗连区从领海基线量起，不得超过 24 海里（参见《公约》第三十三条第 2 款）。毗连区的外部界限可以根据第 5.2 节的程序划定 24 海里的距离。

5.5　专属经济区界限

专属经济区从领海基线量起，不得超过 200 海里（参见《公约》第五十七条）。专属经济区的外部界限可以根据第 5.2 节的程序划定 200 海里的距离。

5.6　大陆架外部界限

《公约》第七十六条规定了划定大陆架外部界限的程序。许多出版物也具体讨论了这一程序。例如大陆架界限委员会的《大陆架界限委员会科学和技术准则》（大陆架界限委员会，1999）、《大陆架界限：科学和技术的交汇》（Cook and Carleton，2000）、《关于 200 海里外大陆架划定以及准备向大陆架界限委员会提交申请的培训指南》（联合国/联合国海洋事务和海洋法司，2006）。

确定超过 200 海里以外的大陆架（简称“扩展大陆架”）的外部界限，要比单纯地从领海基线量起测算外部界限更为复杂和困难。确定扩展大陆架外部界限主要分为两个步骤：①根据《公约》第七十六条第 4 款规定的海底地形和沉积物厚度公式来确定大陆边外缘；②基于水深和从领海基线量起的距离绘制出限制线，再根据这两条线来确定上一步划定的大陆边外缘。

下文就大陆架外部界限划定所涉及的有关问题给出了评论和建议，包括对《公约》第七十六条的解读以及确立扩展大陆架外部界限的测量方法。

在大多数情况下，关于大陆边外缘区域水深和地理情况的具体信息非常少，而这些信息对于确定大陆架外部界限又非常重要。获取这些信息的工作超出了本研究的范围：

它需要海道测量专家、地理专家和地质专家提供专业意见来解读数据和确定扩展大陆架界限，同时也需要船舶和设备来获取和扩展大陆架相关的水文、地球物理和地质信息。

由于划定扩展大陆架而收集水深、地球物理和地质信息需要耗费大量的资金和人力，一开始，沿海国一般都会使用现有的信息大致划定一个扩展大陆架的界限，之后再对数据需求进行分析，制定新信息采集计划等等。这些研究总体上都属于桌面研究的范畴。

第一步是对沿海国邻近海床的地形进行大致的调查。明确哪些部分可以被视为“沿海国陆块没入水中的部分”（参见《公约》第七十六条第 3 款）。选择这些地形必须谨慎，且需满足《大陆架界限委员会科学和技术准则》第 2. 2 部分关于从属权利检验的要求。如果数据收集不足，在选择的过程中将可能存在不确定性。在这种情况下，一旦收集到了新的数据，就需要重新检视选定的部分，以确定其是否构成沿海国陆块没入水中的延伸部分。

在这个过程的初始阶段，需要确定数字格式地理参考数据集的管理和归档方法。有必要选择和设计一个合适的地理底图来显示实施第七十六条所需要的不同参数。这个可以使用传统的纸质海图，但是强烈推荐使用由地理信息系统创建的、覆盖整个研究区域的常规电子地图。

地理信息系统电子地图相较于纸质海图有以下优势：

（1）可以很容易地从数字数据库中创建；

（2）可以按任意比例展示；

（3）一旦获得新信息，很容易更新；

（4）内容可以很容易地与基础数据库关联和同时显示；

（5）可以按不同的尺寸和格式打印到纸上。

下列地理信息可以在地理信息系统中处理以构建大陆架外部界限：

（1）从领海基线量起的 200 海里线（以下简称“200 海里线”）；

（2）相邻或相向沿海国的双边边界；

（3）符合《公约》第七十六条第 4 款（b）项的大陆坡脚点；

（4）2 500 米等深线；

（5）公式线：

①依据《公约》第七十六条第 4 款（a）项（1）目，该线每一定点上沉积岩厚度至少为从该点至大陆坡脚最短距离的 1%（以下简称“沉积物厚度公式线”或“爱尔兰公式线”）；

②依据《公约》第七十六条第 4 款（a）项（2）目，该线离大陆坡脚的距离不超过 60 海里（以下简称“60 海里公式线”或“海登堡线”）。

（6）限制线：

①依据《公约》第七十六条第 5 和第 6 款，该线上的各定点不应超过从 2 500 米等深线量起 100 海里（以下简称“深度限制线”）；

②依据《公约》第七十六条第 5 和第 6 款，该线上的各定点不应超过从领海基线量起 350 海里（以下简称“距离限制线”）。

（7）扩展大陆架的外部界限是由两条线的内部包络线绘制而成：公式线的外部包络线（以下简称“大陆边外缘”）和限制线的外部包络线；

（8）可用数据集的分布（水深、地震反射等）。

5.6.1　数据源

许多已有的数据集可用于桌面研究，这些数字格式的数据可能来自多种数据源。海图通常不能显示足够的等深线（深度等高线）以确定大陆坡脚的位置，同时也不能显示沉积岩厚度。为了实现这些目的以及追踪 2 500 米等深线，需要更多的信息数据以在适当比例下描绘水深和沉积物分布。

Cook 和 Carleton 主编（2000）的《大陆架界限：科学与法律的交汇》第 15 章简要介绍了各个数据中心及其发布的公共数据库。《大陆架界限委员会科学和技术准则》（大陆架界限委员会，1999）则提供了关于数据库可采性和向委员会提交申请的要求方面的额外建议。联合国环境规划署/网格-阿伦达尔提供了“综合服务数据站”1 分数据，供沿海国提供扩展大陆架划界申请时使用（http：//www. continentalshelf. org/）。综合服务数据站由海洋地球物理、地质数据的全球地理空间和元数据清单组成。

全球海洋通用制图计划（GEBCO）提供了两种全球性的网格化测量数据库：GEBCO 一分网格和 GEBCO_08 网格。GEBCO 一分网格采用两种方式描绘世界大洋深度：矢量等深线（通常为 200 米和 500 米，大于 500 米时以 500 米为间隔）和 1′×1′的网格水深值。GEBCO 一分网格于 2003 年公布、2008 年更新。GEBCO_08 网格于 2010 年公布，是一个 30 秒网格化水深数据，这些数值主要是由船舶声测数据叠加卫星获取的估量水深数据构成。这两种数据库都可以从英国海洋制图数据中心获取（BODC，URL http：//www. bodc. ac. uk/data/online_delivery/gebco/）。美国国家地球物理数据中心提供了世界大洋和边缘海网格大小为 5′×5′的沉积物厚度数据。使用者们应该注意：此类全球数据集在某些区域可能是基于非常概略的信息，并从稀有的数据中进行了大量的推断。因此，如有可能，需要搜集更加详细的数据。如果本地数据不能提供这些资料，大的海洋科研院所通常知道可以获得哪些已发布的数据，以及目前正在进行哪些工程。向他们提出申请可能会获得更好的数据，或关于数据获取途径的建议。

无论水深或沉积物数据源是什么，将这些数据导入到地理信息系统是十分有益的，这样既可以根据需要显示这些数据，还可以便捷地同其他参数和数据集联系起来。

5.6.2　大陆坡脚

《公约》第七十六条第 4 款（b）项定义了大陆坡脚，即在没有相反证明的情形下，大陆坡脚应定为大陆坡底坡度变动最大的点。《大陆架界限委员会科学和技术准则》用两章介绍了这个主题：第 5 章详细论述了大陆坡脚应定为大陆坡底坡度变动最大的点；第 6 章阐述通过相反证据确定了大陆坡脚。每章都考虑了可以应用的方法和标准，并列出了相关要求以保证数据和证据的可接受性。值得注意的是，用大陆坡底坡度变动最大的点作为大陆坡脚已经被作为一条通用规则，相反证据则被视为这一通用规则的例外。

大陆坡底坡度最大变化线的概略位置可以从水深图获得。然而这种视觉方法并不被大陆架界限委员会所接受（参见《大陆架界限委员会科学和技术准则》第 5.4.7 节），更为准确的方法是对二维剖面做数学分析、构建三维测深模型或者最好两者兼而有之。

在二维剖面的数学分析中，可以直接从测量中得到一系列横向水深剖面，或从水深图或数字测量模型等集成产品中提取。根据大陆架界限委员会（参见《大陆架界限委员会科学和技术准则》第 5.4.8 节）的建议，这个剖面的定向应当是与位于大陆坡底坡度变动最大点的等深线成直角。

大陆坡底坡度变动最大点可以通过数学上求水深的二阶导数来获取。在大多数情况下，这一过程将形成由大陆坡底坡度变动最大的点构成的曲线。根据《大陆架界限委员会科学和技术准则》第 5.4.12 节，选取坡度变动最大的点被认为是确定大陆坡脚位置的常规方法。换言之，除此之外的任何其他方法将被视为例外情况，这些例外情况必须由与一般规则相反的证据加以证明。

5.6.3　沉积物厚度公式线

《公约》第七十六条第 4 款（a）项（1）目定义了沉积物厚度公式线（即“爱尔兰公式”线）。其位置是由一系列连续的点组成，这些点上沉积岩厚度至少为从该点至大陆坡脚最短距离的 1%。这一原则可以通过图 5.7 显示，该图描绘了在现实世界中难以显现的理想位置。

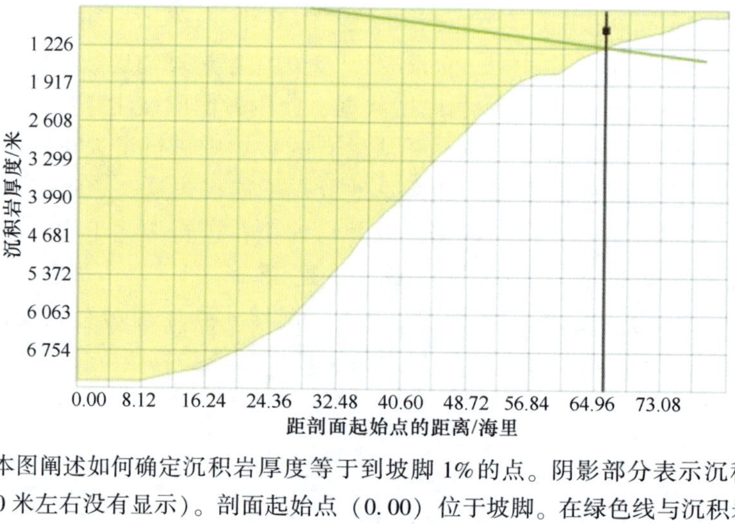

图 5.7　本图阐述如何确定沉积岩厚度等于到坡脚 1% 的点。阴影部分表示沉积岩剖面（顶部 500 米左右没有显示）。剖面起始点（0.00）位于坡脚。在绿色线与沉积岩底部相交位置处，沉积岩厚度（1 226.0 米）等于到坡脚距离的 1%（66.2 海里）

《大陆架界限委员会科学和技术准则》第 8 章解释和讨论了沉积岩厚度公式的应用。

它描述了相关的技术，并讨论了在协调显示观测值同理想沉积物模型（公式的假设前提）过程中出现的问题。1%点的位置是从显示沉积岩厚度的图表中导出。1%线沿大陆坡脚向海的方向构建，并垂直于大陆坡脚。这些 1%点之间的间隔应该保证不超过 60 海里，并足够覆盖更厚的沉积岩所处的区域。

图 5.8 显示了确定沉积物厚度公式线上点的基本步骤，绘制了沿着这条线的沉积岩厚度剖面，以及从该图零点开始的 1%线，此零点为大陆坡脚和沉积岩表面的交点。沉积岩厚度剖面与 1%线所形成的交点即为确定大陆坡脚位置的点。沉积物厚度公式线可以由长度不超过 60 海里的直线构建，这些直线可以连接的定点从该图的剖面上导出。

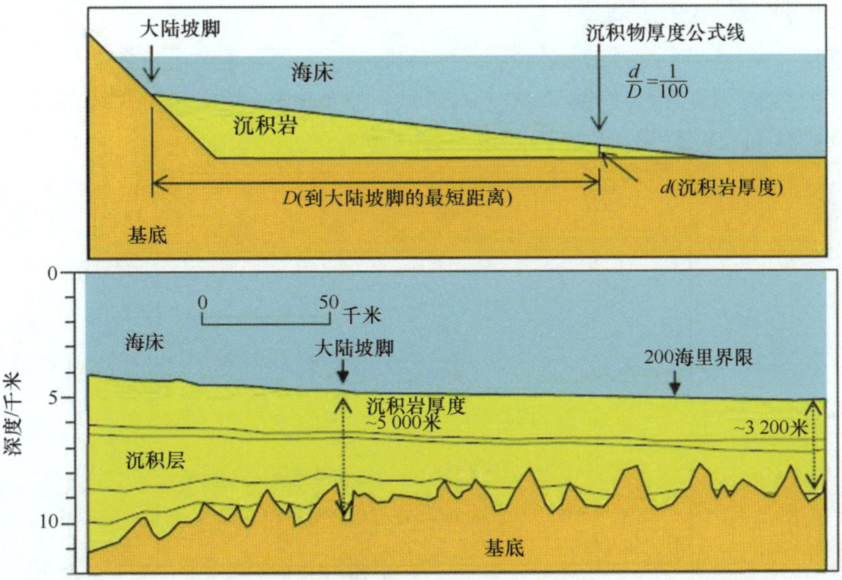

图 5.8　《公约》第七十六条的沉积物厚度公式（理论及实践）：上图表示基于公式的概念剖面图；下图表示位于加拿大大西洋边缘的典型沉积岩剖面（图片由加拿大地质勘探局 C E Keen 提供），与概念模型中平滑的大洋底部不同，大洋底部起伏不平

5.6.4　60 海里公式线

《公约》第七十六条第 4 款（a）项（2）目定义了 60 海里公式线（或称“海登堡”线），距大陆坡脚不超过 60 海里。根据第 5.2 节所述的程序，60 海里公式线是以距离大陆坡脚 60 海里为基准绘制。

5.6.5　距离限制线

《公约》第七十六条第 5 款规定，距离领海基线不超过 350 海里构建距离限制线。根据第 5.2 节所述的程序，可以通过绘制距离领海基线 350 海里的线来构建距离限制线。

5.6.6 深度限制线

《公约》第七十六条第5款定义了深度限制线，它位于不超过2 500米等深线100海里的位置。《大陆架界限委员会科学和技术准则》第4章回顾了确定2 500米等深线的位置所涉及的问题。根据第5.2节所述的程序，可以2 500米等深线作为基准线，在距离其100海里处构建深度限制线。

5.6.7 大陆架外部界限

根据《公约》第七十六条第4款（a）项，大陆边外缘可由公式线的外包络线（沉积物厚度公式线和60海里公式线）划定（图5.9）。

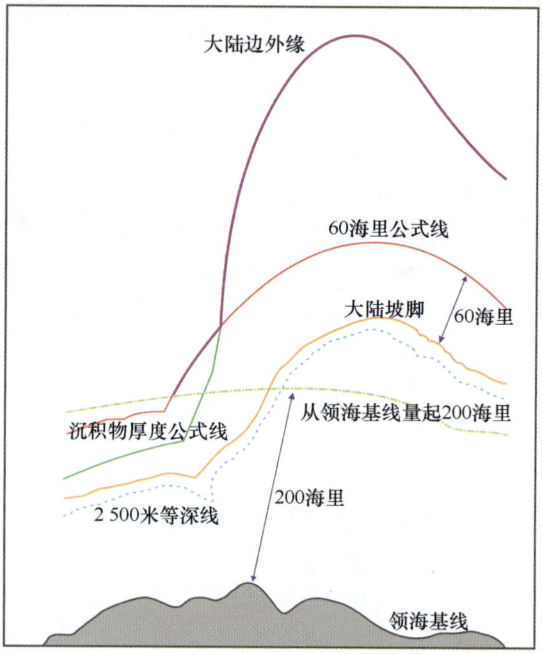

图5.9 大陆架外部界限可以通过两条公式线的外部包络线构建：60海里公式线和沉积物厚度公式线（本图未按比例绘制）

根据《公约》第七十六条第5款和第6款，联合限制线可以由深度限制线和距离限制线的外部包络线描绘（图5.10）。根据《公约》第七十六条第6款，该程序适用于作为大陆架自然组成部分的海底高地，但不适用于海底洋脊，后者仅适用距离限制。

在大部分情况下，大陆架外部界限可以通过合并大陆边外缘和联合限制线来构建。如果大陆边外缘位于联合限制线以内，则以大陆边外缘作为大陆架的外部界限。如果大陆边外缘超出了联合限制线，则后者将截断前者并作为大陆架的外部界限。

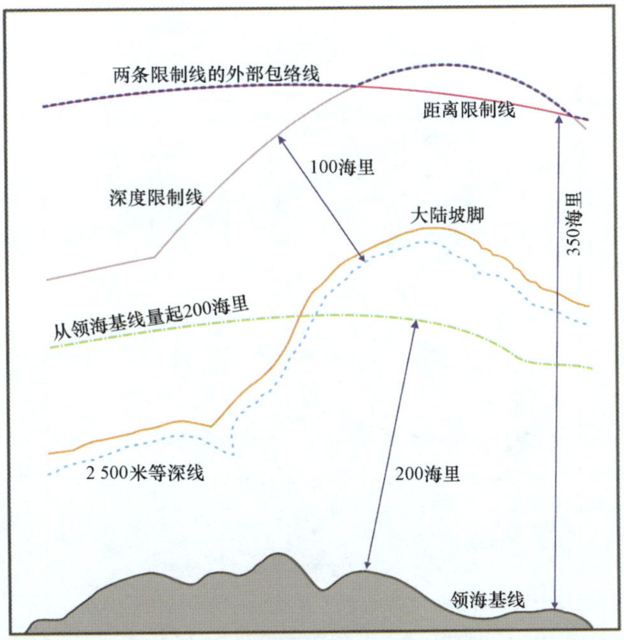

图 5.10　联合限制线是由两条限制线的外部包络共同构建：距离限制线和深度限制线（本图未按比例绘制）

大陆架实际的外部界限，是由以一系列定点画出的、长度不超过 60 海里的若干直线连接而成（参见《公约》第七十六条第 7 款）。这些点可以任意选定，虽然通常会选择使封闭面积最大化的点。一旦选定，这些点的地理坐标必须用特定的大地测量基准点描述（图 5.11 和图 5.12）。

5.6.8　数据收集作业

若大陆架的外部界限超出了 200 海里，则可能需要收集新的地理参数来证实沿海国的主张。大多数情况下，这将包括对水深和沉积物厚度的测量。在某些情况下，局部重力和地磁场的补充观测作为"相反证据"也被证明是有用的。

在某些情况下，可能有必要进行底质采样来确定海床上或海床下的地质性质。无论采集何种信息，或采取何种信息采集方法，新信息都必须保持高精度标准，并且无论是在采集过程还是在已知的地理参考系内确定位置时都需要谨慎处理。

现有的水深图通常都不足以确定坡脚或 2 500 米等深线的位置，因此需要设计并实施一些特殊的测量作业对现有信息进行补充。测量技术模式会根据环境不同而有所差异，并且会折中考虑作业成本和数据覆盖范围。

对适用于《公约》第七十六条的深水区，人们对沉积物的性质及分布了解甚少，在很多情况下，将有必要获取新的数据来实施沉积物厚度公式。各种测量和分析沉积物厚度的技术在成本、复杂性和有效性方面差距极大。因此，对地震数据采集方案的设计、

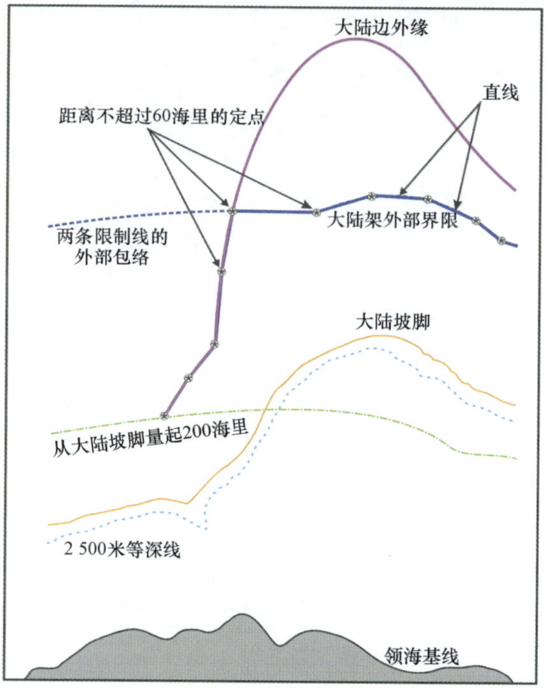

图 5.11　大陆架的外部界限可以由大陆边外缘的内部包络（图 5.9）和联合限制线（图 5.10）共同构建。大陆架的外部界限，是由以一系列定点画出的、长度不超过 60 海里的若干直线连接而成（本图未按比例绘制）

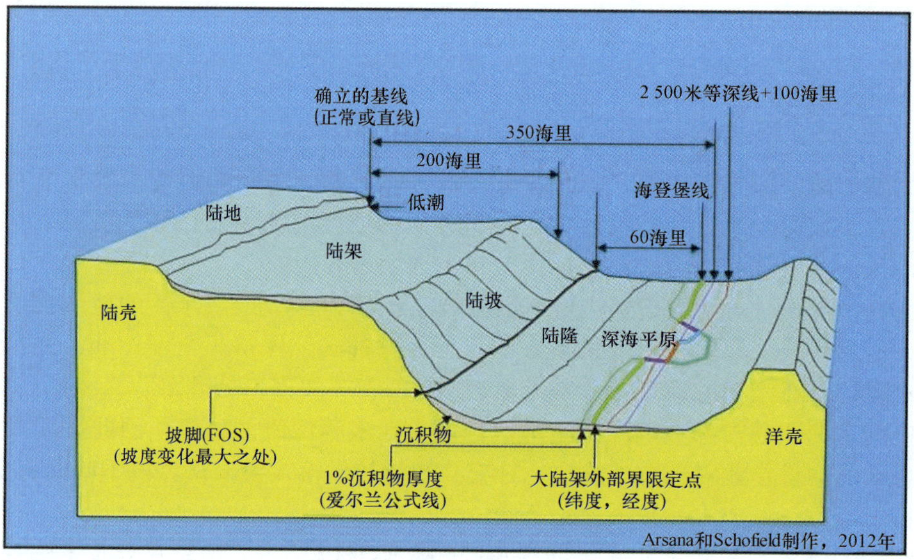

图 5.12　大陆架外部界限的定义

实施和解读最好让那些能够提供专门咨询和帮助的有资质的专家来完成。像地球磁力场和重力场测量这种额外的地球物理观测可能有助于改善对地震数据的解读。

当前的导航技术足以精确地确定数据和采样点的位置。不过，必须要确保定位系统所使用的参考基准与大陆架外部界限构建中所用参数的参考基准相互兼容，包括领海基线、测深方法、沉积岩厚度、坡脚及 2 500 米等深线等。

第 6 章　双边边界

6.1　简介

邻近国家可能是相向或相邻。在本章中，假设在相邻国家的情况下，陆地边界的海岸终点是双方共同认可的；或者，如果边界末端点终止于向海一侧的内水界限，则该点也是双方共同认可的。

本章中假定，双方关于领海基线的主张没有争议。

《公约》第十五条规定，如果没有相反的协议，双方无权将其领海延伸到它们之间的等距离线之外。但是因为历史性权利或其他特殊情况，需要使用其他方法的，则此条款不适用。

《公约》第七十四条和第八十三条相同的法律规定分别涉及专属经济区和大陆架边界的划定。

不幸的是，对于从事海洋划界的技术专家来说，公平的解决方案没有客观意义，并且有许多可行的方法可以达成公平解决方案。然而，在任何特定的情况下，该问题的解决可以很好地遵循众所周知的方法，例如等距离法。该方法要在最后阶段进行调整以达到所要求的结果。在此并不是要考虑能够达成解决方案的所有可能方法，而是只提及一些技术专家可以使用的基本技术。图 6.1 说明了海洋划界过程共同特征的关键因素。

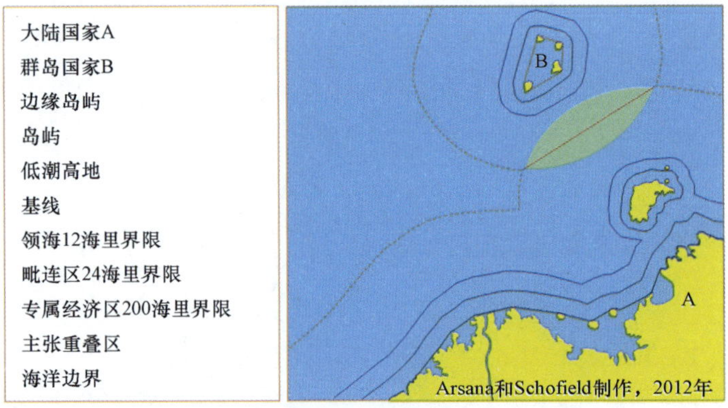

图 6.1　典型双边海洋边界构造的关键因素

（动画：https：//iho. int/uploads/user/pubs/cb/C-51/animations/eng/Figure6_1. ppt）

在论及不同的概念之前，需要考虑3个技术问题：

（1）对可达到或能够达到的精确性和精度的适当评价，在双边划界与确定基线或单方面界限方面同等重要。

（2）如果选择过于密集的基点来实现一条可接受的海洋边界，则所得到的边界线可能由于过于复杂而无法在条约中描述或用于管理。因此，某种形式的简化应当是必要的。

（3）虽然从海事安全和管理角度来看会造成不便，但可能存在这样一条双边界线，该界线无法将两个国家的海洋管辖区域进行连续划分。为了防止在相向或相邻国家之间存在“裂口”，必须要求有一条连续分界线。同样，不同海洋区域（如大陆架和专属经济区）也可能有明显的边界线，但在海洋划界实践中明显倾向于海洋边界用以划分所有类型海洋管辖区域。

6.2　等距离法

在海洋边界划界中，等距离线被定义为每一点至两国领海基线上最近的点等距的线。《公约》第十五条将这条线称为中间线。但在技术文献中，经常对中间线和侧向线（等距线）加以区分，前者指两个相向国家之间的等距线，后者指相邻国家之间的等距线（见附录1）。然而，在实践中，相邻和相向的概念经常难以定义和应用。但是，无论沿海国海岸关系如何，用于确定等距线的方法都是一样的。

构造双边海洋界限的等距离法作为海洋划界技术过程的基础已得到广泛认可，因为：

（1）若不存在协议或特殊情况，它是一种在领海划界中必须使用的方法；

（2）它是一种客观的定义合适、相对容易应用的几何方法。特别是使用计算机方法（如果基线被清晰地定义），该方法能够给出唯一的界线。

国际法院已经对这一点多次明确，包括《国际法院报告》① 第115段中关于罗马尼亚-乌克兰案的最新判决，以及提交仲裁庭的案例，如《仲裁庭裁决》② 第242段中巴巴多斯-特立尼达和多巴哥案。涉及海洋划界的后续案例同样应用了这种“三阶段法”，包括国际法院（ICJ）、国际海洋法法庭（ITLOS）和常设仲裁法院③④审理的案例。

在讨论这种方法时，所有的解释都是如同在平面上进行计算和测量一样给出。实际上，它们是在椭球体上进行的，对椭球体来说所使用的平面几何术语不一定绝对正确。例如，构成一国单一基点与另一方直线基线（大地线）等距离线的点轨迹，这里称为抛物线；事实上，它是一条更复杂的曲线，甚至不是抛物面与椭球面的交线。因为这是真弦距，而不是椭球面上的弦距。

最后，通过两个单一基点生成的等距线是一条唯一的线。它是一条与测地线非常接近但不完全一致的线。然而，在实践中，它被认为与连续转折点之间的测地线相同。

---

① http：//www. icj-cij. org/docket/files/132/14987. pdf。

② http：//www. pca-cpa. org/upload/files/Final%20Award. pdf。

③ https：//www. icj-cij. org/files/case-related/124/124-20071213-JUD-01-00-EN. pdf。

④ https：//www. itlos. org/fileadmin/itlos/documents/cases/case_no. 23_merits/C23_Judgment_23. 09. 2017_corr. pdf。

6.2.1 等距离线的构造

可以构造一条等距离线来定义两个相向国家（图 6.2）或两个相邻国家（图 6.3）之间的边界。

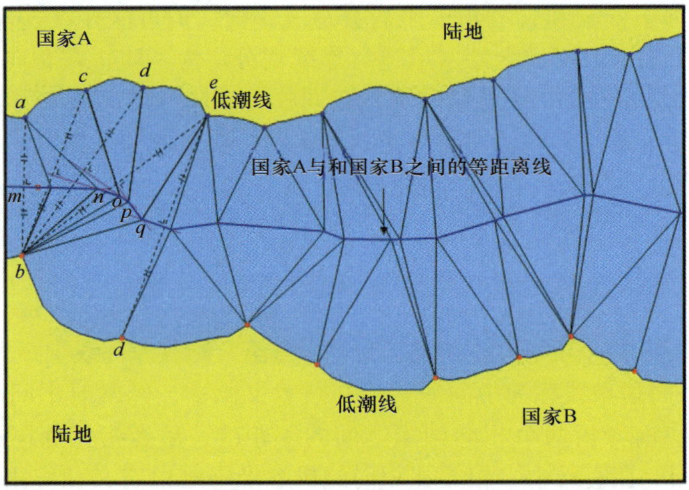

图 6.2 相向国家之间构造等距离线。双方均采用正常基线（即不是直线基线系统）。从图的左边可以看出中间线的构造。从 A 国基点 *a* 和 B 国基点 *b* 开始，连接两点线的中点定义为等距离线的位置，垂直于该线的方向（*m*-*n*）定义为等距离线的方向，保持该方位不变，直到距第三个基点（*c*）以及点 *a* 和点 *b* 等距的点为止。在这种情况下，该点位于 A 国领海基线上。垂直于基点 *b* 和基点 *c* 的连线的垂线定义了等距离线的下一段方向。通过这种方式继续向右推进，中间线各段将被构造出来，这样整条中间线推导完成。中间线上的点到三个点距离相等，被称为三点法

（动画：https：//iho. int/uploads/user/pubs/cb/C-51/animations/eng/Figure6_2. ppt）

如果两个国家决定使用直线基线，而不是像某些划界双方那样使用正常的低潮基线，那么等距离线在以下不同情形下形成相应的等距线段：

（1）两点之间产生直线；

（2）两条直线之间产生一条直线；

（3）一条线和一个点之间产生一个抛物线的一部分。

所有这些例子都使用平面几何术语。

6.2.2 基线的选择

一个国家的领海基线只有一部分会影响等距离线。根据定义，等距离线将只使用明显凸出（向海最外侧）的基点来构造。实际选择的数量将取决于两国相关基线段的相互作用、海岸线构形，以及中间线与最近的基点的距离。距离越大，可能影响它的基点越

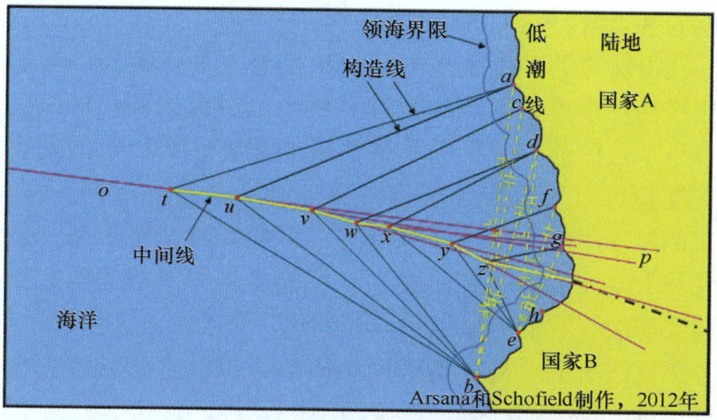

图 6.3　相邻国家之间构造等距离线。双方均采用正常基线。在这种情况下，确定等距离线的方法与已描述的相向国家间划界方法没有本质区别。但是，确定与陆地边界连接的困难，可以通过从向海一侧开始代替从陆地边界终点开始进行来避免。该等距离线（侧向）的构造可按以下步骤实现：从离岸合适距离开始寻找两个点，在这种情况下，点 a 和点 b 分别位于 A 国和 B 国，它们与起点 t 距离相等；作角平分线 o–p，沿着该线向海岸一侧移动，直到某点 u 至另一点 c 以及点 a 和点 b 距离相等；然后，作 b 和 c 之间的角平分线，并再次沿该线继续向岸移动，直到一点 v 至新的点 d 以及点 c 和点 b 距离相等；重复该过程，该等距离线会终止于 A 国和 B 国之间的陆地边界

（动画：https：//iho. int/uploads/user/pubs/cb/C-51/animations/eng/Figure6_3. ppt）

少，并且沿着平滑海岸上可选择的点之间的距离越大。

6.2.3　构造等距离线的图解法

技术专家应当具备构造等距离线图解法的基本知识，这是非常有益和值得推荐的。使用单纯图形方法和转折点计算联合起来构造等距离线，需要相当的专业知识，并且可能非常耗时。如果使用这种方法，它只会得到近似的结果，作为最终的解决方案，这可能是不能接受的。

划界过程的第一步是详细检查最大比例尺的海图，以决定哪些点和哪部分海岸可以在划界中合法使用。作出的决定包括以下几项：诸如海洋地物是低潮高地还是岛屿，或是一个岛上是否有灯塔或者其他助航设施，若有则在直线基线系统中该点可以使用。各点坐标必须从最大的比例尺图表中导出和绘制（根据情况而定）。

为了确定等距离线的走向而去尽可能多地选择一定数量的基点，既不切合实际，也并不必要。图形方法提供了选择基点的最简单方法（至少在开始时）。这要求使用适当的地图（可辨识小岛和低潮高地的大比例尺海图）能够充分显示双方国家的基线。同时，中间线相关部分可以穿过足够大的水域，以便在进入到下一张地图之前，能够选择合理数量的基点。

需要注意的是，影响计算的所有基点都应当在相同的垂直和水平基准上（参见第 2 章）。

当确定出可能的基点时，它们的地理坐标必须列出，并且要按照确定直线走向的顺序进行排列。为了获得所需的精度，坐标必须从足够大的比例尺的海图上获得，这些海图的比例尺可能比最初用于确定基点的比例尺更大。更大比例尺的海图可能表明，原先被视为似乎只需单一基点的地方，根据其特征可能需要一个以上的基点才能对划线产生真正的影响。根据经验可以采取多种可行方法，但如果需要，应读取所有基点的坐标。类似地，当在小比例尺通用海图上选择基点时，可能并不清楚哪两个或哪些地物真正影响等距离线，或者双方基线上的一些新的基点可能出现同时成为等距离情况。如果这一问题不能通过检验来解决，它们的坐标也应该列出。

如果必须对等距离线上的点进行精确的距离检查以便查找其他列出的基点是否比正在使用的基点更近，则必须依靠计算来解决问题。

6.2.4 等距离线的自动计算

使用地理信息系统软件中提供的工具生成等距离线是首选方法。应该始终牢记，该系统产生的计算结果的优劣完全取决于导入其中的数据的质量。同样重要的是，应确保使用的地理信息系统在椭球上进行所有计算。导入系统用于计算的所有数据必须基于同一大地测量基准。

为使系统能够选择相应的基点进行等距离线计算，必须对双方相关岸线的低潮线进行数字化。基线可以由正常基线线段组成，包括海湾封口线和河口封口线、直线基线和/或群岛基线。每个“直线”段必须分割成短小的部件。必须为这些直线段中的每一段定义中间点，以便在计算中使用。

例如，在一个地理信息系统中一般操作过程如下：从该地区最新版、最大比例尺的海图上数字化提取低潮线。如果使用其他海岸线模型，则存在一个风险，即不能得到最佳的可使用的低潮线。海湾封口线和河口封口线通过创建文本文件来定义，或使用海湾封口线和河口封口线端点坐标的逻辑列表来定义。类似地，直线基线系统和/或群岛基线系统的拐点坐标也作为文本文件或另一逻辑列表来输入，这些来自国家的原始法律文件中，确保大地基准正确输入。如果大地基准不同，这些拐点坐标要转换为双方均认可的大地基准。然后将这些数据连接起来形成两组矢量线数据。根据这些数据，软件将计算等距离线。针对该线上的每个拐点将生成报告，报告定义了拐点以及生成该拐点的三个基线点的坐标。在这个阶段，很可能会产生更多的拐点，这些拐点或者是可用的，或者是用来精确定义该线的。这条线必须简化。

6.2.5 简化的等距离线

等距离线由测地线（参见第 3 章）或曲线连接有限的（但通常是数量很大）拐点组成。这也通常会产生太复杂的线，为便于描述或实际应用，需要简化。

简化的等距离线应该由尽可能少的可用单元组成，这些单元仍然保持初始线的一般走向。拐点都应该用“直线”连接，直线可以是恒向线，或者最好是测地线，该线被认为更适合实际应用。

理想情况下，等距离线应当简化，使得该线的走向与原始线保持相同，或者偏差很小，使该国最终获得或失去面积的可能基本为零。在任何简化处理中，面积变化都应该与其他因素一起计算，因为它可能影响边界谈判中的决定。

为了实现公平结果，考虑到其他或多或少的客观因素，有可能得到其他简化的线。尤其可能的是，只考虑最突出的基点而生成的等距离线一定没有严格等距离线那样复杂。虽然这些解决方案生成的线无疑比严格的等距离线更简单，但不是直接从严格的等距离线推导而来，也不与前面已经描述的“简化的等距离线”具有密切的关系，有时被称为“修正的等距离线”。

6.3　基于等距离的划界方法

6.3.1　部分效力

除受某些特殊的基线特征影响外，等距离线可能会产生一个公平的划界。通常，这样的特征所处的位置可能会造成中间线的走向不合理。这种变形可以通过在划界中赋予这类特征零效力或部分效力来纠正。理论上这一效力可被赋予任何期望的比率，但是在实践中如果赋予部分效力的话，则常为半效力的形式。典型的例子就是 1977 年 6 月 30 日英法仲裁案，该案中英国锡利岛仅被赋予半效力（《国际海洋边界（第二卷）》第 9-3 号报告——Ed. Jonathan I Charney and Lewis M Alexander）。

半效力线位于全效力线和零效力线距离一半的位置，如两条平行线的中间平行线、角平分线，或者更为概括地讲，是到全效力线和零效力线上最近点等距离的点的轨迹。请注意，这条半效力线可能不会等分全效力线和零效力线之间的表面积，并且没有建议应该这样做。

最常见的应用方法是构造两条等距离线：一条以特征为基点，赋予其全效力；另一条是忽略特征，给予其零效力。半效力线位于全效力线和零效力线之间的中间位置（图 6.4 和图 6.6）。

对于上文所提到的案例，可能会认为正确的方法是选择一个假想或理论基点，该基点位置就好像是该岛到大陆距离仅是其实际距离的一半。几何图形是这样的，然而通过将理论基点替换为实际特征而构建的等距离线不太可能与通过上述方法获取的半效力线一致。通常，变形特征与控制零效力线基点之间的关系会使确定理论基点的适当位置变得困难。

有时全效力线和零效力线会相当复杂，可能使得采用前述方式构造的半效力线不可想象地复杂化。在这种情况下，共同商定理论基点能够提供更容易的解决方案。

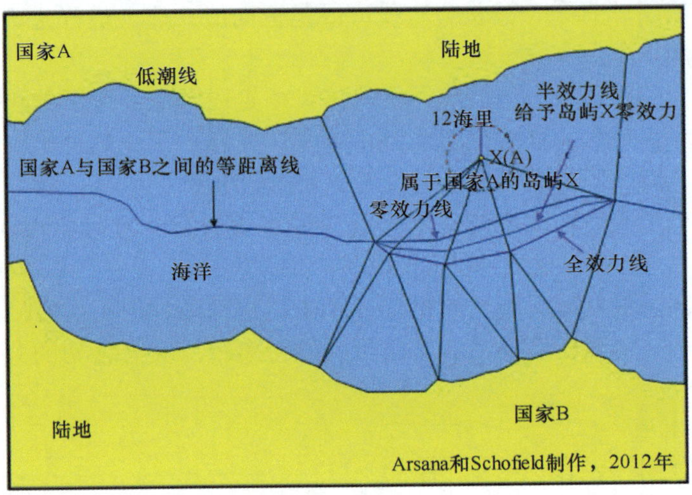

图6.4　相向国家A和B之间的等距离线，展示了A国所有岛屿的零效力线、全效力线和半效力线。岛屿位于相向大陆海岸该国中间线一侧

（动画：https：//iho. int/uploads/user/pubs/cb/C-51/animations/eng/Figure6_4. ppt）

6.3.2　岸线长度比对

比对相关海岸的长度在海洋划界中可能起着重要作用，并且可能与比例或不成比例计算有关。首先是确定海岸的相关部分，然后测量或计算海岸的总长度。根据缔约方之间的协议，多种方法可以使用：

（1）在选定比例尺的地图或海图上，海岸线通过绘制横跨河口和海湾的封闭线来完成，并测算其总长度。该长度可以通过数字化后经计算机计算，或者在缺少该技术的情况下通过曲率计测量。

（2）海岸由一组有限的离散点表示，这些离散点由具有数学概念的线段（例如测地线）连接。点的密度将取决于所需准确度和海岸线规整程度。连接线长度总和就是海岸总长度。

（3）更常见的是，海岸由一系列直线表示，这些直线为沿着真实海岸线所取的一般方向线，然后将各段直线的长度进行求和。这可以采取两种形式：一般方向线仅反映“面向”划界海域的海岸方向，忽略岸线凹凸特征等；或者它包括主要凹凸特征，但通过一般方向线表示它们的轮廓。当整个海岸用一条线表示时，一般方向线的极端情况就出现了。如果一个国家的整个海岸线大致是一条直线，只有相对较小的凹凸特征，或者双方达成协议，则海岸一般方向线可以是一条直线。将两条海岸线概括为一个或几个部分，现在被认为是首选方案。

如果两国之间的海岸长度存在显著差异，则可能需要将中间线向岸线较短的一方移动，以实现公平的结果（见《巴巴多斯-特立尼达和多巴哥判决书》第 237 段[①]），另见利比亚-马耳他[②]和扬马延[③]案例。

如果两国能就划界的相关海域达成一致，则有可能将该海域按照与海岸线相似的比例进行划分。现代地理信息系统软件具备以相当高的精度在椭球体上计算面积的能力(参见第 2 章)。在某些情况下，这可以取得公平的结果，但是在相关海域的协议通常很难达成。法理学认为，这种方法只用作划界完成时的公平性检验。

6.3.3 等比率法

在该方法中，边界被定义为到两个国家基线和基点之间距离为固定比率的点的轨迹。可以选择任何距离比以达到公平的解决方案。最直截了当的办法是采用比率 1 : 1，结果就是等距离线。采用平面几何术语，选择任何其他比率将产生一系列圆锥曲线段。一个特别有趣的情况是，一个小岛屿国家位于一个大国的直线海岸外：一组不同的比率将提供一组椭圆，其中岛屿国家位于椭圆的一个焦点处。此方法迄今尚未使用（2012）。商业地理信息系统确实具有计算这种边界的功能。

6.3.4 确定海岸线一般方向的方法

此方法适用于彼此相邻的国家。这种情况最常见的办法是垂直于“海岸的一般方向”。一般方向可在任何一侧陆地界限上通过有限长度的海岸线确定，也可以根据两个国家的整个海岸线确定，甚至可以根据包含几个国家的整个陆地一部分的一般方向确定。这种方法的一个典型例子是用在 1985 年 2 月仲裁庭在几内亚和几内亚比绍边界向海部分的判决中（《国际海上边界（第一卷）》第 4-3 号报告——Ed. Jonathan I Charney and Lewis M Alexander)。

一种确定一般方向的方法可以是将边界两侧的海岸线指定部分划分为等距基点连接的短段，所有连续基点连线的方位角求平均就得到平均“方向”。然而，这种方法不可能比已描述的、比较简单的方法产生更客观或更合理的结果。该方法用于 2007 年 10 月 8 日国际法院关于尼加拉瓜-洪都拉斯的判决第 287 段[④]。

技术专家应提供并证明若干条可选择的一般方向线。

在平面几何中，一条直线的垂线也是相对于该线的等距线。因此，这种划界方法可视为等距离的特殊情况，但计算时必须采用大地测量计算方法。

关于“直线”的构成问题在第 3 章已经讨论。“一般方向”线通常是由墨卡托投影的地图决定，因此就是一条斜航线。一条斜航线也是一条恒向罗盘方位线，因此在它整

---

① http://www.pca-cpa.org/upload/files/Final%20Award.pdf。

② https://www.icj-cij.org/files/case-related/68/068-19840321-JUD-01-00-EN.pdf。

③ https://www.icj-cij.org/files/case-related/78/078-19930614-JUD-01-00-EN.pdf。

④ http://www.pca-cpa.org/upload/files/Final%20Award.pdf。

个长度上任何点的方向都是恒定的。在某些情况下，“一般方向”可能是由其他投影或大地测量计算确定的。在这种情况下，方向在其整个长度上不一定是恒定的。

在赤道附近10度范围内的低纬度地区，测地线和斜航线之间的差异是最小的，特别是在处理诸如“一般方向”这样不精确概念的时候。然而高纬度地区，在设定的海岸线的精度范围内，横轴墨卡托投影或兰伯特等角投影可给出这种形式的海岸线更准确的图形表达。在这些投影上，代表一般方向的直线不是一条恒向线，而是一条测地线，测地线的方位角在其整个长度上都会发生变化。在高纬度地区，一条“垂直”的斜航线（除非它也是子午线）甚至不可能是“一般方向”线的近似等距线。在任何特定的情况下，实际线的选择将取决于许多因素，并且在这方面没有既定的惯例。

垂线的一种变化形式是平分线。在这种方法中，两个相邻或相向国家在某些情况下海岸或部分海岸的一般方向是可以确定的。在陆地边界终点，定界线被认为是这两条一般方向线形成的角平分线。这种方法适用于一般方向变化明显或边界附近的海岸。虽然表面上很有吸引力，但该解决方案在椭球体上可能会导致不平衡海域。

6.4 其他方法

海洋划界中还有很多其他可想象或已存在的方法，以下仅列出其中几种方法。

6.4.1 深泓线概念

深泓线是指沿河道或湖泊的最大深度线，但也可在任何沿海河道中考虑。几个世纪以来，这一原理一直被用于划定水上边界，作为领海浅水区的边界是其最典型的应用。在该区域，允许两国通行的航道不应由一国单独控制。在河流或河口向海方向的较深水域中，使用深泓线方法的合理性是不确定的。

如果使用深泓线确定的，该线可以通过海图来获取。在某些情况下，可能需要进行特别调查。

如果深泓线沿着不稳定地区的航道行进，它将随着航道的变化而变化。只有在水深太深而无法改变水深的水域中使用，它才能作为固定线。如果海上边界的近岸部分由可移动的深泓线形成，则必须以某种方式将其与边界离岸方向的固定部分连接起来。这可以通过将深泓线终止在一条确定的直线（固定点的方位线，或子午线，或平行线）上完成，该直线穿过边界的固定部分向陆方向的终端位置。在任何特定的时间，边界近岸部分将终止在当时深泓线与定义的线相交的任何点，然后边界将沿着连接交点和离岸固定段向陆端位置的所定义线的部分继续延伸。

6.4.2 陆地边界延伸线

如果陆地边界沿着几乎垂直于海岸的方向直线延伸，在到达其沿岸终点之前的某段距离，则可以决定将其继续保持相同的方向延伸，至少可以形成海洋边界的近岸一部分。作为整条海洋边界，这样的延伸线不太可能令人满意。对于“直线”相关问题，同样还要考虑大地测量。

6.4.3　任意线

由于各种原因，可能是历史上的或政治上的，商定的海上边界可能是简单的测地线或斜航线，例如纬度平行线、子午线、平行线走廊等。

尽管这些线可以被任意描述，但它们可能有一个合理的依据。例如，当整条大陆岸线具有相同的一般方向时，一系列相互平行的双边界线将为所有相关国家提供最为公平的解决方案。尽管如此，如果对每个划界问题单独审查，不同的方案可能都具有公平性。比如，如果一个国家整齐的海岸线上划界部分非常短，那么与其邻国最为公平的边界可能是一组平行线，形成了一条宽度等同于其岸线长度的通道。

6.4.4　飞地

在司法和双边划界中存在一些这样的例子，其海岸特征通常表现为一个或多个在地理上远离沿海国大陆的岛屿，没有给予其充分的海洋权利，而是整个属于飞地或部分属于飞地。例如，在 1977 年 6 月 30 日的英-法仲裁庭裁决中，海峡群岛被包围在相向大陆海岸构造的大陆架边界的法国一侧（《国际海上边界（第二卷）》第 9-3 号报告——Ed. Charney and Alexander）（图 6.5 和 6.6）。

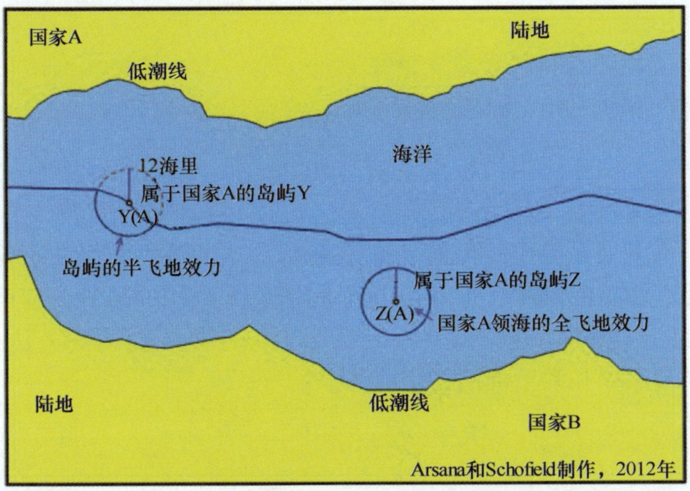

图 6.5　相向国家 A 和 B 之间的等距离线，显示了 A 国岛屿位于相向大陆海岸之间的等距离线上或中间线 B 国一侧时，该岛的半飞地效力和全飞地效力

（动画：https：//iho. int/uploads/user/pubs/cb/C-51/animations/eng/Figure6_5. ppt）

6.5　成比例方法

从本质上讲，迄今为止成比例的概念是指相关海域应按照两国相关海岸的长度成比例地进行划分。这一概念已在双边协定中得到应用，但在法院案例中目前（2019 年）仅被用作划定界线的公平性检验，在海洋划界“三阶段法”中的第三阶段，应用了术语“不成比例性”。

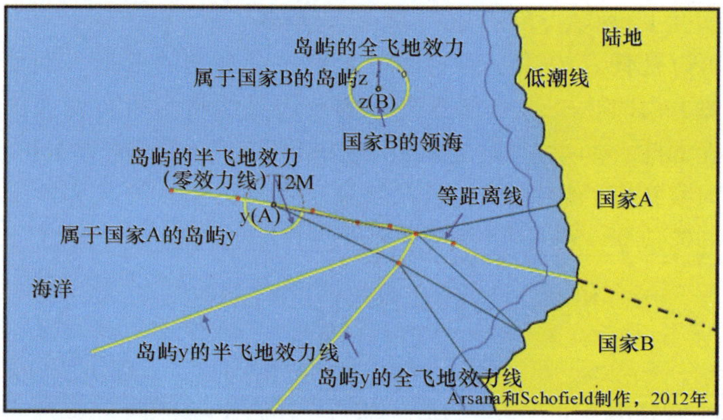

图 6.6　相邻国家 A 和 B 之间的等距离线，图中显示：属于 B 国但位于相邻海岸之间等距离线 A 国一侧岛屿的飞地效力；零效力线、全效力线和半效力线，以及属于 A 国且位于等距离线上岛屿的半飞地效力

（动画：https：//iho. int/uploads/user/pubs/cb/C-51/animations/eng/Figure6_6. ppt）

6.6　国际案例指南

就双边划界而言，国际法院或特设法庭作出了若干判决，这些判决具有重大意义，它们列在本书的参考文献中。

这些判决对于从事划界工作的任何人来说都是基本的读物，必须仔细研究。这样就可以理解特殊情况下作出的判决，而不会在不同情况下误用。最后，应当强调的是，在解释国际海洋划界的国际法问题，以及特定情况下海洋划界原则和方法的具体应用时，政府技术部门应当与法律和政治部门密切合作。

附录1　术　语

简　介

1982年《联合国海洋法公约》（以下简称《公约》）包含了一些技术性术语，对于需要一般性信息或者需要为《公约》条款付诸实施提供支持的人而言，这些术语可能并不容易理解。这些读者中可能有政治家、律师、海道测量学家、土地测量学家、制图学家、地理学家以及其他行业的人员。从事涉及基线、海洋界限和海洋划界相关工作的研究人员对于术语的理解需求尤其迫切。因此，国际海道测量组织海洋法技术问题工作组制作了本术语表，以帮助《公约》的所有读者理解其中的海道测量、制图及海洋学方面的术语。

如果定义是从《公约》中逐字逐句提取的，或者是由工作组自行定义的，则在本术语表中将会以粗体字出现，在其下方则是以较浅字体标注的注释。术语表中还视情况提供了相应《公约》条款作参照。

本术语表还谨慎地提供了学科范围内的一些定义。在整编过程中，尽可能地使定义的内容与第四版《水文词典》第一部分保持一致，尽管这不是首要考虑因素。

本术语表应该与附录2结合起来阅读，可为《公约》的应用提供更为详细的信息。

术语索引

1. 相邻海岸
2. 助航设备
3. 群岛基线
4. 群岛海道
5. 群岛国
6. 群岛水域
7. “区域”
8. 人工岛屿
9. 环礁
10. 暗滩
11. 基线
12. 基点
13. 海湾
14. 海峰
15. 海图
16. 海图基准
17. 封闭线
18. 海岸
19. 毗连区
20. 大陆边
21. 大陆基
22. 大陆架
23. 大陆坡
24. 航行危险
25. 深洋洋底
26. 划界
27. 三角洲
28. 妥为公布
29. 椭球体
30. 闭海或半闭海
31. 等距离线
32. 河口
33. 专属经济区
34. 设施（助航）
35. 设施（港口）
36. 大陆坡脚
37. 大地水准面
38. 测地线
39. 大地测量数据
40. 大地基准
41. 大地测量参考系统
42. 地理坐标
43. 大圆线
44. 海港工程
45. 历史性海湾
46. 海道测量
47. 设施（近岸）
48. 内水
49. 国际海里
50. 岛屿
51. 等深线
52. 陆地领土
53. 纬度
54. 经度
55. 低潮高地
56. 低潮线/低潮标
57. 恒向线
58. 海洋划界
59. 中间线
60. 英里
61. 入口（海湾）
62. 入口（河流）
63. 航海图
64. 海里
65. 导航设备
66. 导航图
67. 大洋海台
68. 洋脊
69. 相向海岸
70. 外部界限
71. 纬度线
72. 平台
73. 港口
74. 礁石
75. 等角航线
76. 陆基
77. 河流
78. 泊船处
79. 岩礁
80. 航线制度
81. 安全设施
82. 安全地带
83. 比例尺
84. 海床
85. 沉积岩
86. 半闭海
87. 陆架
88. 陆坡
89. 坡尖
90. 直线基线
91. 直线
92. 海峡
93. 结构
94. 海底电缆
95. 海底管道
96. 海底洋脊
97. 底土
98. 上覆水域
99. 领海
100. 深泓线
101. 潮汐
102. 分道通航制
103. 水体

术　语

1. 相邻海岸

海岸位于毗连两国之间的陆地边界的任一侧（图1）。

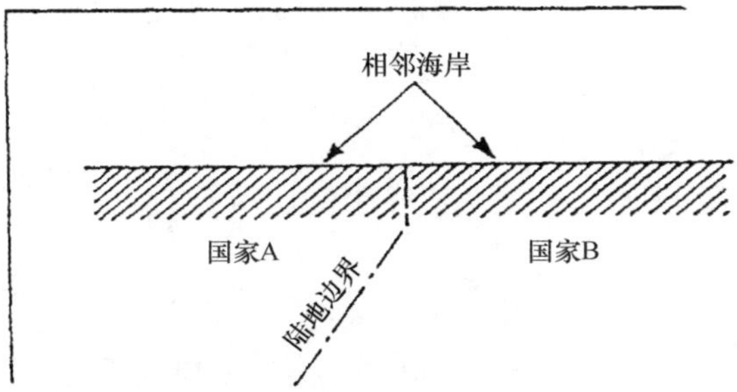

图1　相邻海岸

2. 助航设备

船舶外部的视觉、声学或无线电设备，用于帮助确定安全航向或船舶位置，或警告危险和/或障碍物。助航设备通常包括浮标、信标、雾灯、灯光、无线电导航台、引导标志、无线电定位系统和GNSS，它们与海图有关，有助于安全航行。

见《公约》：

导航和安全辅助设备：第二十一条第1款（b）项；第四十三条第（a）款

见：导航设备（Navigational Aid）

3. 群岛基线

见《公约》（第四十七条）

见：基线

4. 群岛海道

见《公约》：

群岛海道通过权：第五十三条

制度：第四十九条第4款

见：航线制度；分道通航制

5. 群岛国

见《公约》：

见概要：第四十六条至第五十四条

基线：第四十七条；第四十八条；第四十九条第1款

内水界限：第五十一条第2款

主权：第二条；第四十九条第1款；第四十九条第2款；第四十九条第3款

海底电缆：第五十一条第2款

暂停无害通过：第五十二条第2款

传统权利：第五十一条第 1 款

用语：第四十六条第（a）款

见：群岛水域；基线；岛屿

6. 群岛水域

被群岛基线包围的水域。

见《公约》：

界限：第五十条

紧追：第一一一条第 1 款

群岛水域、群岛水域的上空、海床和底土的法律地位：第四十九条；第四十九条第 4 款；第八十六条

海道和空中航道：第五十四条第 1 款；第五十三条第 4 款

主权：第二条第 1 款；第四十九条第 1 款；第一四九条第 2 款

传统权利：第四十七条第 6 款；第五十一条第 1 款

用语：第四十六条第（b）款；第四十九条第 1 款

见：群岛国；基线；内水

7. “区域”

见《公约》：

用语和范围：第一条第 1 款

见：基线；大陆架；深洋洋底；专属经济区；海床；底土

8. 人工岛屿

见：设施（近岸）

9. 环礁

环状或马蹄形状的暗礁，封闭或接近封闭形成泻湖，其上有一个或多个岛屿或无岛屿，四周被开放海域环绕。

见《公约》：

礁石：第六条

群岛基线：第四十七条第 1 款；第四十七条第 7 款

珊瑚礁可能由珊瑚和/或钙质藻类构成。环礁建在现有如死火山、水下火山结构上。

见：群岛水域；基线；岛屿；低潮线；礁石

10. 暗滩

水深相对较浅的海底高地。

见《公约》：

河口：第九条；第七十六条第 6 款

见：大陆架；低潮高地

11. 基线

测量一个国家的领海外部界限和沿海国管辖权外部界限的起算线。

见《公约》：

群岛：第四十七条；第四十八条；第四十九条第1款

海湾：第十条第5款；第十条第6款

海图或地理坐标：第十六条；第四十七条第8款

大陆架：第七十六条第1款；第七十六条第4款（a）项；第七十六条第5款；第七十六条第6款；第八十二条第1款；第二四六条第6款

专属经济区：第五十七条

确定方法：第五条；第七条；第九条；第十条第6款；第十四条；第三十五条第（a）款；第四十七条第1款；第四十七条第2款；第四十七条第3款；第四十七条第4款；第四十七条第5款

礁石：第六条

领海：第三条；第四条；第六条；第七条；第八条第1款；第十三条第1款；第十五条；第十六条第1款；第四十七条第4款；第四十八条；第五十七条；第二四六条第6款

12. 基点

基点是基线上的任意点。

13. 海湾

海岸线上的宽凹痕，通常比海湾（gulf）小，比小形湾（cove）大。为《公约》的目的，海湾是明显的水曲，其凹入程度和曲口宽度的比例，使其有被陆地环抱的水域，而不仅为海岸的弯曲。对比历史性海湾。

见《公约》：

湾口：第十条第2款；第十条第3款

涉及历史性海湾的争端：第二九八条第1款（a）项（1）目

历史性：第十条第6款

用语：第十条

见：历史性海湾

14. 海峰

带有圆形帽状顶的海底高地。

见《公约》：第七十六条第6款

15. 海图

一种特殊用途的地图，通常用于航行或其他特殊目的。

见《公约》：

适当比例：第十六条第1款；第四十七条第8款；第七十五条第1款；第八十四条第1款

群岛基线：第四十七条第8款；第四十七条第9款

“区域”：第一三四条第3款

大陆架：第七十六条第9款；第八十四条

交存：第十六条第2款；第四十七条第9款；第七十五条第2款；第七十六条第9

款；第八十四条第 2 款；第一三四条第 3 款

船旗国的义务：第九十四条第 4 款（a）项

专属经济区：第七十五条

大比例尺：第五条

官方承认：第五条；第六条

公布：第十六条第 2 款；第二十二条第 4 款；第四十一条第 6 款；第四十七条第 9 款；第五十三条第 10 款；第七十五条第 2 款；第八十四条第 2 款；第一三四条第 3 款

海道和分道通航制：第二十二条第 4 款；第四十一条第 6 款；第五十三条第 10 款

领海：第五条；第六条；第十六条

见：基线；海岸；航行危险；大地基准；低潮线；助航设备；海床

16. 海图基准

海图深度所指的潮位构成一个垂直基准，称为海图基准。

见：M-3 IHO 第 3/1919 号决议

17. 封闭线

沿海国内水和领海的分界线，或群岛国内水和群岛水域的分界线。

见《公约》：

群岛水域：第五十条

海湾：第十条

河口：第九条

港口：第十一条

见：群岛国；基线；海湾；港口工程；内水和低潮线

18. 海岸

紧邻海洋、海岸的陆地边缘或边界。有时定义为陆地和海洋的交汇处，认为是陆地的边界。

见《公约》相向海岸或相邻海岸，另见界限划定：

大陆架界限划定：第七十六条第 10 款；第八十三条第 1 款；第一三四条第 4 款；附件二第九条

专属经济区：第七十四条第 1 款

领海界限划定：第十五条

见：基线和低潮线

19. 毗连区

毗连沿海国领海的区域，从测量领海宽度的基线量起，不得超过 24 海里。沿海国在遵守《公约》规定的情况下，可在本区行使某些管制。

见《公约》：

考古和历史文物：第三〇三条第 2 款

群岛国：第四十八条

宽度：第三十三条第 2 款；第四十八条

紧追：第一一一条第 1 款；第一一一条第 4 款

岛屿：第一二一条第 2 款

用语：第三十三条第 1 款

见：基线；专属经济区；公海

20. 大陆边

《公约》第七十六条第 3 款所定义，大陆边包括沿海国陆块没入水中的延伸部分，由陆架、陆坡和陆基的海床和底土构成。它不包括深洋洋底及其洋脊，也不包括其底土。

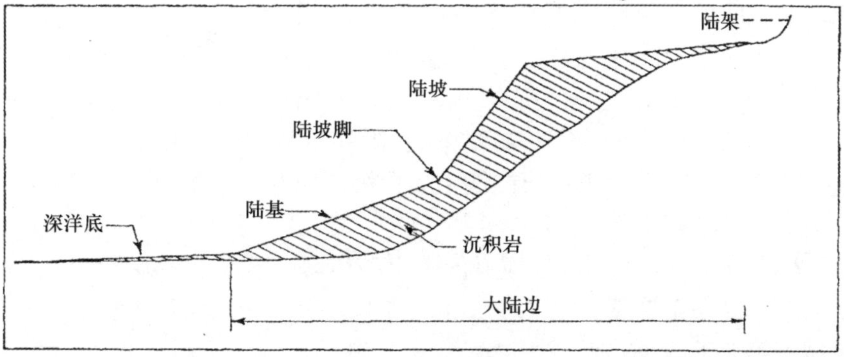

图 2　大陆边剖面

见《公约》，另见外缘；岩礁：

见《公约》：第七十六条第 1 款；第七十六条第 3 款；第七十六条第 4 款（a）项；第七十六条第 6 款

见：大陆基；大陆架；大陆坡；大陆坡脚；深洋洋底；海床；陆架、底土及附录 2。

21. 大陆基

位于大陆坡和深洋洋底之间属于大陆边一部分的海底特征，在《公约》中简称为“陆基”。

见《公约》：

第七十六条第 3 款

见：大陆边；大陆坡；深洋洋底；大陆坡脚

22. 大陆架

沿海国的大陆架包括其领海以外依其陆地领土的全部自然延伸，扩展到大陆边外缘的海底区域的海床和底土，如果从测算领海宽度的基线量起到大陆边的外缘的距离不到 200 海里，则扩展到 200 海里的距离。

见《公约》，另见大陆架界限委员会；大陆边；大陆基；大陆坡

群岛国：第四十八条

人工岛屿、设施和结构：第六十条第 8 款；第八十条；第一一一条第 2 款；第一四七条第 2 款（e）项

海图和地理坐标表：第七十六条第 9 款；第八十四条

沿海国权利：第七十七条第3款；第七十八条；第七十九条第4款；第八十一条

界限划定：第七十六条第10款；第八十三条；第一三四条第4款；第一四七条第2款（e）项；第二五九条；附件二第九条

钻探：第八十一条；第二四六条第5款（b）项

紧追：第一一一条第2款；第一一一条第4款

铺设海底电缆和管道：第七十九条第1款；第七十九条第2款；第七十九条第3款；第七十九条第4款；第一一二条第1款

上覆水域和上空的法律地位：第七十八条

界限：第七十六条第2款；第七十六条第5款；第七十六条第6款；第七十六条第7款；第七十六条第8款；第七十六条第9款；第八十四条第1款；第八十四条第2款；附件二第三条第1款（a）项；附件二第四条；附件二第七条；附件二第九条

海洋科学研究：第二四六条；第二四七条；第二四八条；第二四九条；第二五三条

外缘：第七十六条第1款

200海里以外的大陆架上的开发应缴的费用和实物：第八十二条

污染：第七十九条第2款；第二一〇条第5款；第二一六条第1款（a）项

上覆水域：第七十八条

用语：第七十六条

见：大陆边；外部界限

23. 大陆坡

大陆边的一部分，位于陆架和陆基之间，在《公约》第七十六条第3款中简称为“陆坡”。

见《公约》：

第七十六条第3款；第七十六条第4款（a）项（1）目；第七十六条第4款（a）项（2）目；第七十六条第4款（b）项

见：大陆边；大陆架；大陆基；深洋洋底和大陆坡脚

24. 航行危险

任何可能会妨碍、阻碍、危害或以其他方式对安全航行构成危险的水文特征或环境条件。

见《公约》：

航行或飞越：第二十四条第2款；第四十四条；第二二五条

25. 深洋洋底

超出大陆边以外的深层大洋底部及其洋脊表面。

见《公约》，另见海床和底土：

第七十六条第3款

见：大陆边；洋脊；海床；海脊及底土

26. 划界

海岸相向或相邻的沿海国之间的海上边界线。

见《公约》，另见相邻或相向海岸：

大陆架：第七十六条第10款；第八十三条；第一三四条第4款；第一四七条第2款（e）项；第二五九条；附件二第九条

关于争端：第二九八条第1款（a）项（1）目；第二九八条第1款（a）项（3）目；第二五九条；附件二第九条

专属经济区：第七十四条；第七十五条第1款；第一四七条第2款（e）项；第二五九条

群岛国内水：第五十条

特殊情况或历史性所有权：第十五条

领海：第十五条；第十六条第1款；第六十条第8款；第一四七条第2款（e）项；第二五九条

见：海洋划界

27. 三角洲

冲积沉积区，通常呈三角形，靠近河口。

见《公约》：

直线基线：第七条第2款

见：基线和低潮线

28. 妥为公布

通过适当机构在恰当的时间以恰当的方式在合理范围内通告既定行动的布告。在《公约》框架下使用。

见《公约》，另见适当通知：

海图和地理坐标表：第十六条第2款；第四十七条第9款；第七十五条第2款；第七十六条第9款；第八十四条第2款

沿海国关于无害通过的法律：第二十一条第3款

沿海国关于污染的法律：第四十二条第3款；第二一一条第3款

海峡沿岸国关于过境通行的法律：第四十二条第3款

海道和分道通航制：第二十二条第4款；第四十一条第2款；第四十一条第6款；第五十三条第7款；第五十三条第10款

除了通过外交途径向相关国家公布以外，还应该将这些信息直接传达给国家海道测量机构，以便其在航海通告中发布，以达到立即告知航海者的目的。

见：基线；海图；地理坐标；分道通航制

29. 椭球体

椭球体是非常接近大地水准面形状的几何形状。椭球体是平滑的数学表面，在其上可以进行精确的数学计算，而这在形状复杂且不规则的大地水准面上是不可行的。

参考椭球体有几种。有的近似于在全球范围内的大地水准面，而有的则近似于在特定地理区域内的大地水准面。地球表面上任何给定点的坐标都将根据所用的参考椭球的不同而不同。将坐标从一个参考椭球转化到另外一个参考椭球的过程称之为转换。大多数参考椭球体都具有转换参数。

见：大地水准面

30. 闭海或半闭海

两个或两个以上国家所环绕并连接到另一个海或洋的海湾、海盆或海域。

见《公约》，另见地理不利国：

沿岸国：第七十条第 2 款；第一二三条

用语：第一二二条

31. 等距离线

见：中间线

32. 河口

受水体潮汐影响的溪流的一部分。海湾，与河口一样，潮汐与水流交汇的地方。

见《公约》：

污染：第一条第 1 款（4）项；第二〇七条第 1 款

见：海湾；河流；三角洲

33. 专属经济区

专属经济区是从测算领海宽度的基线量起，不超过 200 海里的区域，受《公约》所确立的具体法律制度的制约，根据这一制度，沿海国享有某些权利和管辖权。

见《公约》：第五部分第五十五条至第七十五条，另见人工岛屿；宽度；划界；倾倒；相向或相邻海岸；妨害

34. 设施（助航）

见《公约》：

助航：第二十一条第 1 款（b）项

见：助航设备

35. 设施（港口）

见《公约》：

港口：第十八条第 1 款（a）项；第十八条第 1 款（b）项；第二十五条第 2 款

见：港口工程

36. 大陆坡脚

在没有相反证明的情况下，大陆坡脚应定为其底部大陆坡坡度变动最大之点。

见《公约》：

大陆坡脚：第七十六条第 4 款（b）项

大陆坡脚是大陆坡同大陆基交界处，如果没有大陆基，则是大陆坡与深洋洋底交界处。

在《公约》第七十六条第 4 款中给出了根据大陆坡脚确定大陆架外部界限的两种方法。

见：大陆基；大陆架；大陆坡

37. 大地水准面

大地水准面是等重力加速度（等位）的三维表面。尽管地球上有无数等位面，但

“大地水准面”通常被用来描述最符合平均海平面的等位面。

见：椭球体

38. 测地线

数学推导表面上两点之间的最短直线。参考椭球体上的测地线也称为大地线。

测地线是确定海洋管辖界限的直线线段的两种方法之一（另一种方法是恒向线），地图和海图的制图投影类型将决定线段是否为直线。例如，恒向线在墨卡托投影水文图上为直线，而测地线则为曲线。

见：基线；恒向线；直线；椭球体

39. 大地测量数据

确定大地基准或天文参考系统以及它们之间相互关系的参数；以这些参考系统为基准的点的水平、垂直或者三维坐标；可以获得这些坐标的高精度观测数据；以这些参考系统为基准的辅助数据，如某点或者某区域的重力、垂线偏差或大地水准面偏差数据。

见《公约》：第七十六条第9款

见：大地基准；大地测量参考系统

40. 大地基准（见第2.4节）

一种官方的、完全定义的空间参考系统或表面，可以对地球上的测量和/或坐标进行定义和关联。

见《公约》：

大地基准：第十六条第1款；第四十七条第8款；第七十五条第1款；第八十四条第1款

见：基线；地理坐标；大地测量数据；大地测量参考系统

41. 大地测量参考系统（见第2.3节）

大地测量参考系统通过指定一个旋转椭球体（美国大地测量学家Anglo也称之为球状体）来定义，需要下述参数：

（1）长半轴和扁率；或

（2）长半轴和纬向重力二次谐波（J）。

国际大地测量协会采用了第二种方法（也明确说明了地球万有引力常数GM和角速度W），但是上述两个定义在实践中是等同的。

大地水准高值零点位于椭球体表面，而其他点（根据其大地高值）投影到椭球体法线底部。

坐标为三维笛卡尔坐标（原点为椭球体的中心，Z轴沿对称轴方向）或为与大地高值相关的大地坐标。

见：地理坐标；大地测量数据和大地基准

42. 地理坐标

用于确定地球上点的位置的球坐标系。

见《公约》，另见海图：

群岛基线：第四十七条第8款；第四十七条第9款

大陆架：第八十四条

交存于管理局秘书长：第八十四条第 2 款；第一三四条第 3 款

交存于联合国秘书长：第十六条第 2 款；第四十七条第 9 款；第七十五条第 2 款；第八十四条第 2 款

专属经济区：第七十五条

领海：第十六条

43. 大圆线

大圆线是球体表面的圆圈，圆圈的中心与球体的中心重合。

球体表面两点之间的最短距离即为经过这两点大圆线的弧段长度。

见：大地线；恒向线

44. 海港工程

沿海岸永久人工建筑物形成了港口系统不可或缺的组成部分，如突堤、码头或其他海港设施、泊位、防波堤、海塘等。

见《公约》：

港口：第十一条

见：基线；港口

45. 历史性海湾

历史性海湾是指沿海国公开主张并持续行使管辖权，且管辖权为其他国家所接受的海湾。历史性海湾不必满足《公约》中“海湾”定义。

见《公约》：

历史性海湾：第十条第 6 款；第二九八条第 1 款（a）项（1）目

历史性所有权：第十五条；第二九八条第 1 款（a）项（1）目

46. 海道测量

调查的主要目的是确定与水体有关的数据。海道测量可包括以下一类或几类数据的确定：水深；海底结构和性质；水流方向和作用力；潮汐和水位的高度和时间；测量和导航用地形特征和固定物体的位置。

见《公约》：

水文测量①：第二十一条第 1 款（g）项；第四十条

研究：第十九条第 2 款（j）项；第五十四条

见：基线；地理坐标

47. 设施（近岸）

通常为海洋资源的勘探或开发、科学研究、潮汐观测等而建造的人工建筑物。

见《公约》，另见人工岛屿；适当通知；近岸；结构：

基线的划定：第七条第 4 款；第四十七条第 4 款

① 译者注：《公约》中的“水文测量”即本书中所述的“海道测量”。在我国港口航道图测绘实际工作及正在编制的术语标准中，多称“海道测量”。

沿海国：第十九条第2款（k）项；第二十一条第1款（b）项

大陆架：第七十九条第4款；第八十条；第一一一条第2款；第二四六条第5款（c）项

合作建造和改进运输工具：第一二九条

专属经济区：第五十六条第1款（b）项（1）目；第六十条；第七十九条第4款；第二四六条第5款（c）项

公海：第八十七条第1款（d）项

损害调查：第九十四条第7款

法律地位：第六十条第8款；第八十条；第一四七条第2款（e）项；第二五九条

海洋科学研究：第二四六条第5款（c）项；第二四九条第1款（a）项；第二四九条第1款（g）项；第二五八条；第二五九条；第二六〇条；第二六一条；第二六二条

无害通过的意义：第十九条第2款（k）项

污染来自：第一四五条第（a）款；第一九四条第3款（c）项；第一九四条第3款（d）项；第二〇八条第1款；第二〇九条第2款；第二一四条

拆除：第六十条第3款；第一四七条第2款（a）项

安全区：第六十条第4款；第六十条第5款；第六十条第6款；第六十条第7款；第一一一条第2款；第一四七条第2款（c）项；第二六〇条

在公海从事未经许可的广播：第一〇九条

“区域”内活动：第一四七条第2款；第一四七条第2款（a）项；第一四七条第2款（b）项；第一四七条第2款（c）项；第一四七条第2款（d）项；第一四七条第2款（e）项；第一五三条第5款；第二〇九条第2款

48. 内水

领海基线向陆一面的水域。

见《公约》，另见无害通过：

群岛国：第五十条

界限的划定：第十条第4款；第三十五条第（a）款；第五十条

进入或驶离：第十八条第1款；第二十五条第2款；第二十七条第2款；第二十七条第5款；第二十八条第3款

紧追：第一一一条第1款

污染：第二一一条第3款；第二一八条第1款；第二一八条第2款；第二一八条第3款；第二一八条第4款

制度：第七条第3款；第八条第2款；第十条第4款

主权：第二条第1款

用语：第八条第1款

见：基线；海湾；海岸线；低潮线；历史性海湾；设施（近岸）；河流

49. 国际海里

1长度单位等于1 852米。这一数值得到了1929年国际海道测量会议的批准，几乎

所有的海洋国家都采用了这个数值。

对于一般航行目的来说，国际海里可以近似于纬度的一分，根据纬度不同，其长度在 1 843~1 862 米之间变化。

50. 岛屿

高潮时被水包围的自然形成的陆地区域。

见《公约》，另见人工岛屿；设施；结构；岩礁

基线：第六条；第七条第 1 款；第十三条；第四十七条第 1 款；第四十七条第 4 款；第一二一条第 2 款

设施或设备不具有岛屿地位：第六十条第 8 款；第一四七条第 2 款（e）项；第二四六条第 5 款（c）项；第二五九条

灰岩：第四十七条第 7 款

群岛国：第四十六条；第四十七条第 1 款；第五十三条第 5 款

海湾：第十条第 3 款

制度：第一二一条

岩礁：第一二一条第 3 款

过境通行：第三十八条第 1 款

环礁：第六条；第四十七条第 7 款

用语：第一二一条第 1 款

见：环礁；基线；毗连区；大陆边；专属经济区；岩礁；潮汐

51. 等深线

连接相同水深点的水深曲线。

见《公约》：第七十六条第 5 款

52. 陆地领土

高潮时水面之上的大陆或孤立的陆地陆块。

见《公约》：

第二条第 1 款；第七十六条第 1 款；第一二一条第 2 款；第二九八条第 1 款（a）项（1）目

见：潮汐

53. 纬度

与主大圆或平面的角距离，用来描述位置的一个坐标之一，另一个坐标是经度。

见：地理坐标

54. 经度

所采用的参考点沿着主大圆的角距离，是描述一个位置的坐标之一，另一个坐标是纬度。

见：地理坐标

55. 低潮高地

低潮高地是在低潮时四面环水并高于水面但在高潮时没入水中的自然形成的陆地。

见《公约》:

第七条第 4 款；第十三条；第四十七条第 4 款

低潮高地作为法律术语，通常用来描述干出的岸滩或岩石地带。在海图上，应有别于岛屿。

见：海岸基线；岛屿；低潮线；海图；领海；设施（近岸）

56. 低潮线/低潮标

低潮水平面与海岸的相交线。低潮线沿海岸或海滩延伸，海水在低潮时回落于此线上。

见《公约》：第五条；第六条；第七条第 2 款；第九条；第十条第 3 款；第十条第 4 款；第十条第 5 款；第十三条第 1 款

除比例尺太小难以与高潮线区分时或没有潮汐的地方即高潮线和低潮线相同时，通常在航海图上将低潮线作为可识别的地理特征。

海图水深参考的实际水位为海图基准面。

见：基线；海图；潮汐和附录 2。

57. 恒向线

恒向线或等角航线为墨卡托投影海图上真正的直线，该直线具有恒定的方位角。恒向线是用于确定领海基线的直线段部分的两种方法之一（另外一种是大地线法）。

投影到参考椭球体上，两个相同点之间构建的恒向线一般与大地线有所不同。

见：大地线；领海基线

58. 海洋划界

国家间海洋边界的划定通过协议达成。

见《公约》(界限划定)，另见相邻或相向海岸：

大陆架：第七十六条第 10 款；第八十三条；第八十四条第 1 款；第一三四条第 4 款；第一四七条第 2 款（e）项；第二五九条；附件二第九条

关于争端：第二九八条第 1 款（a）项（1）目；第二九八条第 1 款（a）项（3）目；附件二第九条

专属经济区：第七十四条；第七十五条第 1 款；第一四七条第 2 款(e)项；第二五九条

群岛国内水：第五十条

历史性所有权或特殊情况：第十五条

领海：第十五条；第十六条第 1 款；第六十条第 8 款；第一四七条第 2 款（e）项；第二五九条

见：专属经济区；基线；大陆架；中间线；领海

59. 中间线

中间线为其上的每一个点到两国或多国基线上最近各点的距离均相等的一条线。

见《公约》:

第十五条

见：相邻海岸；基线；等距离线；相向海岸；领海

60. 英里

见：海里

61. 入口（海湾）

是指从海洋到海湾入口的地方。

见《公约》：

湾口：第十条第2款；第十条第3款；第十条第4款；第十条第5款

注：包括第十条第4款和第十条第5款，是由于参考“天然入口点”。

见：基线；海湾；封闭线；河口；低潮线

62. 入口（河流）

溪流（河流）汇入海洋的地方。

见《公约》：

河口：第九条

注：对绘线长度没有加以限制。

见：基线；封闭线；河口；低潮线；河流

63. 航海图

由政府、经授权的海道测量局或其他有关政府机构正式发行或授权发行的、旨在满足海上航行要求的专用地图或专门编制的地图数据库。

见：海图

64. 海里

主要用于航行的距离单位。几乎所有海洋国家已经接受了1929年国际海道测量会议采纳的国际海里：1 852米。《公约》在某些线和界限的具体距离方面提到了海里——见第三条；第十条第4款；第十条第5款；第三十三条第2款；第四十七条第2款；第五十七条；第七十六条第1款；第七十六条第4款；第七十六条第5款；第七十六条第6款；第七十六条第7款；第七十六条第8款；第八十二条第1款

见：附录2

65. 导航设备

用于帮助船舶航行的仪器、装置、图表、方法等。助航设备属导航设备，二者含义不同，助航设备仅仅指外在于船舶的设备。

见：助航设备

66. 导航图

见：航海图

67. 大洋海台

从洋底的四面八方急剧升起的相对平坦的海底高地，台顶面积较大。

见《公约》：第四十七条第7款

见：群岛国；基线

68. 洋脊

位于深洋洋底的狭长高地，其地形不规则或不平坦，边缘陡峭，通常将洋盆隔开。

见《公约》：第七十六条第3款

洋脊不属于大陆边部分。

见：深洋洋底

69. 相向海岸

彼此面对的两个国家的海岸的地理关系。

具有相向海岸的国家海洋区域可以要求边界划定以避免发生重叠。

70. 外部界限

沿海国家根据《公约》规定宣布或可以宣布具体辖区的范围。

见《公约》：

溯河产卵种群：第六十六条

降河产卵鱼种：第六十七条

毗连区：第三十三条第1款

大陆架：第七十六条第5款；第七十六条第6款；第七十六条第7款；第七十六条第8款；第七十六条第9款；第八十四条第1款；第八十四条第2款；第一三四条第4款；附件二第三条第1款（a）项；附件二第四条；附件二第七条

专属经济区：第五十七条；第七十五条第1款

泊船处：第十二条

领海：第四条

见：基线；毗连区；大陆边；大陆架；专属经济区；等深线；领海

71. 纬度线

地球表面上与赤道平行并连接相同纬度上的各点的圆（或近似圆），也叫纬度线。

见：地理坐标

72. 平台

在海洋学术语中，用于悬挂或安装海洋仪器的任何人造结构（飞机、船舶、浮标或平台）；为勘探、开发、清除和运输海底和底土资源而在海床和底土或其上方建造的构筑物。

见《公约》：第一条第5款

见：设施（近岸）

73. 港口

提供终端和中转设施的地方，用于装卸货物或上下乘客，通常位于港口内。船头朝前，船舶的左边为左舷，船舶的右边为右舷。

见《公约》：

外国船舶上的刑事管辖权：第二十七条第5款

领海界限：第十一条

避免不良后果的义务：第二二五条

海港内的同等待遇：第一三一条

自由区和其他海关便利：第一二八条

领海的无害通过：第十八条第 1 款（a）项

来自船只的污染：第二一一条第 3 款

污染措施的执行：第二一八条；第二一九条；第二二〇条

沿海国的保护权：第二十五条第 2 款

见：设施。

74. 礁石

接近海面或低潮时露出海面的大的岩石或珊瑚，对航行有危害。

见《公约》：

干礁：第四十七条第 1 款；第四十七条第 7 款

环礁：第六条；第四十七条第 7 款

见：环礁；基线；岛屿和低潮线

75. 等角航线

见：恒向线

76. 陆基

见：大陆基

77. 河流

相对较大的自然水流。

见《公约》，另见河口：

见《公约》：第六十六条第 1 款；第六十六条第 2 款；第六十六条第 3 款（c）项；第一二四条第 1 款（d）项（1）目；第二〇七条第 1 款

78. 泊船处

船舶在近岸区域的安全地点进行锚泊的水域；通常位于沿岸的浅水凹进处。

见《公约》：第十二条

大多数情况下，泊船处都没有清楚地划定其自然地理界限，一般在海图上用地理位置名称标示。但是，如果应用《公约》第十二条，泊船处的界限必须在海图上画出或列出地理坐标表。

见：海图；地理坐标；海洋划界；领海

79. 岩礁

《公约》岛屿制度，岩礁定义为不能维持人类居住或其本身的经济生活，不应有专属经济区或大陆架。

《公约》未给出地貌或岩石组成的具体定义。

见《公约》，另见岛屿：

沉积岩厚度或大陆边：第七十六条第 4 款（a）项（1）目

不能维持人类居住或其本身的经济生活：第一二一条第 3 款

见：岛屿；低潮高地

80. 航线制度

采取一个或多个航线或航路措施的任何制度，目的都是降低人员伤亡的风险，包括

分道通航制、双向航线、推荐航线、避航区、沿岸通航区、警戒区和深水航路。

见《公约》，另见分道通航制：

见《公约》：第二一一条第1款

81. 安全设施

见《公约》：第四十三条第（a）款

见：助航设备

82. 安全地带

近岸设施周围未经许可禁止船只进入的区域。特别规定保护安全区内的设施，所有国籍的船只都必须尊重该安全地带。

见《公约》，另见适当通知：

人工岛屿、设施和结构：第六十条第4款；第六十条第5款；第六十条第6款；第六十条第7款

海底采矿作业：第一四七条第2款（c）项

科学研究：第二六〇条

大陆架和专属经济区上的违法：第一一一条第2款

见：设施（近岸）

83. 比例尺

海图或地图上的距离与地球表面（或宇宙上的其他物体）相同两点之间的距离的比例。

注：对于使用墨卡托投影的海图，标题栏中给出的比例尺，仅在该标题栏指定的纬度平行处是准确的。

见：海图

84. 海床

位于海底和底土上方的砂、石、泥或其他物质的表层顶部。

见《公约》：

第二条第2款；第四十九条；第五十六条第3款；第七十六条第1款；第七十六条第3款；第七十七条第4款；第一九四条第3款（c）项

注：有些参考文献使用了术语“床（bed）”而不是“海床（seabed）”。

见：“区域”；大陆架；深洋洋底；专属经济区；底土

85. 沉积岩

沉积物在水（水成沉积物）或空气（风成沉积物）中堆积而成的岩石。沉积物可以包括岩石碎片或各种尺寸的（砾岩、砂岩、页岩）颗粒、动植物的遗体或产物（某些石灰石和煤炭）、化学作用或蒸发作用形成的产物（盐、石膏等）或这些物质的混合物。

见《公约》：第七十六条第4款（a）项（1）目

86. 半闭海

见：闭海，《公约》第一二二条

87. 陆架

从地质学来讲，陆架是毗邻大陆或岛屿周围的区域，从低潮线延伸至通常坡度明显增大、水深增加的区域。

见：大陆架

88. 陆坡

见：大陆坡

89. 坡尖

从一个更大特征物向外凸出的海底高地、海底洋脊和陆基。

见《公约》：

第七十六条第 6 款。

见：暗滩；海峰；大陆架；海底洋脊

90. 直线基线

见：基线

91. 直线

从数学上讲，直线为特定空间或特定表面上两点之间最短距离的连线。

见：基线；大陆边；大陆架

92. 海峡（用于国际航行）

从地理上讲，海峡为连接两块陆地或岛屿或岛屿群，连接公海或专属经济区的一部分和公海或专属经济区的另一部分之间的狭窄通道。

见《公约》：第三部分

仅“用于国际航行”海峡被列为“国际海峡”，且仅这样的海峡遵守《公约》规定的法律制度。

93. 结构

见：设施（近岸）

94. 海底电缆

铺设在水下或埋在海底，钢丝或纤维或钢丝绳或链条的组合。

见《公约》，电缆和管道（水下）：

群岛国：第五十一条第 2 款

大陆架：第七十九条

专属经济区：第五十八条第 1 款

群岛国水域现有海底电缆：第五十一条

公海：第八十七条第 1 款（c）项；第一一二条；第一一三条；第一一四条；第一一五条

争端解决：第二九七条第 1 款（a）项

见：海底管道

95. 海底管道

用于输送物质的一连串相互连接的管道，现在主要输送石油和天然气。

见《公约》，电缆和管道（水下）：

大陆架：第七十九条

专属经济区：第五十八条第1款

公海：第八十七条第1款（c）项；第一一二条；第一一三条；第一一四条；第一一五条

争端解决：第二九七条第1款（a）项

见：海底电缆

96. 海底洋脊

海底的细长高地，可以是不规则的或相对不平坦的地形，具有陡峭的边缘，根据《公约》构成沿海国大陆边的一部分。

见《公约》：

海底：第七十六条第6款

见：大陆架

97. 底土

海床下所有自然产出的物质。

见《公约》：序言第6款；第一条第1款（1）项；第二条第2款；第三十四条；第四十九条第2款；第五十六条第1款（a）项；第五十六条第3款；第七十六条第1款；第七十六条第3款；第七十七条第4款；第八十五条；第一九五条第3款（c）项

见："区域"；大陆架；专属经济区；海床

98. 上覆水域

直接从海床上方一直延伸到水面的水域。

见《公约》：

沿海国权利：第五十六条第1款（a）项

法律地位：第七十八条；第一三五条

"区域"：第一三五条；第一五五条第2款

见："区域"；大陆架；专属经济区；海床；水体

99. 领海

定义的领海水域宽度不超过从领海基线量起向海方向12海里。根据《公约》，领海是沿海国主权区域，不仅是水体，而且是该区上方的空间及其下方的海床和底土。

见《公约》，另见领空；人工岛屿；基线；海图；生物资源养护管理；划界；适当宣传；捕鱼；外国船舶或船只；地理坐标；历史性所有权；紧追；无害通过；管辖权；相向或相邻海岸；外部界限；海道；海底；油轮；分道通航制：

法律地位：第二条

界限：第三条；第四条；第十二条

海洋科学研究：第二四五条；第二五九条

沿海国主权：第二条第1款；第二一一条第4款；第二四五条

见：群岛海道；基线；岛屿；低潮高地；海里；泊船处

100. 深泓线

连接山谷最低点的线，有时称为山谷线。

被定义为沿着河道的最大深度线，也可以指沿河谷或湖泊的最大深度线。也是构成国家间边界线水道的主要通航航道的中间。

101. 潮汐

由于月球和太阳的引力作用，在旋转地球上的海洋表面和其他水体表面产生的周期性涨落现象。

102. 分道通航制

一种定线通航措施，旨在通过适当的方式设定通道以分离相反交通流。

见：航线制度

103. 水体

从海洋表面到海床的垂直连续水体。

见：海床；上覆水域

附录 2　《联合国海洋法公约》

第一部分　序言　第一条

第二部分　领海和毗连区　第二条至第三十三条

第三部分　用于国际航行的海峡　第三十四条至第四十五条

第四部分　群岛国　第四十六条至第五十四条

第五部分　专属经济区　第五十五条至第七十五条

第六部分　大陆架　第七十六条至第八十五条

第七部分　公海　第八十六条至第一二〇条

第八部分　岛屿制度　第一二一条

第九部分　闭海或半闭海　第一二二条至第一二三条

附件二　　第一条至第九条

第一部分　序言

第一条　用语和范围

1. 为本公约的目的：

（1）“‘区域’”，是指国家管辖范围以外的海床和洋底及其底土。

（2）“管理局”是指国际海底管理局。

（3）“‘区域’内活动”是指勘探和开发“区域”的资源的一切活动。

（4）“海洋环境的污染”是指：人类直接或间接把物质或能量引入海洋环境，其中包括河口湾，以致造成或可能造成损害生物资源和海洋生物、危害人类健康、妨碍包括捕鱼和海洋的其他正当用途在内的各种海洋活动、损坏海水使用质量和减损环境优美等有害影响。

（5）

（a）“倾倒”是指：

①从船只、飞机、平台或其他人造海上结构故意处置废物或其他物质的行为；

②故意处置船只、飞机、平台或其他人造海上结构的行为。

（b）“倾倒”不包括：

①船只、飞机、平台或其他人造海上结构及其装备的正常操作所附带发生或产生的废物或其他物质的处置，但为了处置这种物质而操作的船只、飞机、平台或其他人造海上结构所运载或向其输送的废物或其他物质，或在这种船只、飞机、平台或结构上处理这种废物或其他物质所产生的废物或其他物质均除外；

②并非为了单纯处置物质而放置物质，但以这种放置不违反本公约的目的为限。

2.（1）“缔约国”是指同意受本公约拘束而本公约对其生效的国家。

（2）本公约比照适用于第三〇五条第1款（b）、（c）、（d）、（e）和（f）项所指的实体，这些实体按照与各自有关的条件成为本公约的缔约国，在这种情况下，“缔约国”也指这些实体。

第二部分 领海和毗连区

第一节 一般规定

第二条 领海及其上空、海床和底土的法律地位

1. 沿海国的主权及于其陆地领土及其内水以外邻接的一带海域，在群岛国的情形下则及于群岛水域以外邻接的一带海域，称为领海。

2. 此项主权及于领海的上空及其海床和底土。

3. 对于领海的主权的行使受本公约和其他国际法规则的限制。

第二节 领海的界限

第三条 领海的宽度

每一国家有权确定其领海的宽度，直至从按照本公约确定的基线量起不超过十二海里的界限为止。

第四条 领海的外部界限

领海的外部界限是一条其每一点同基线最近点的距离等于领海宽度的线。

第五条 正常基线

除本公约另有规定外，测算领海宽度的正常基线是沿海国官方承认的大比例尺海图所标明的沿岸低潮线。

第六条 礁石

在位于环礁上的岛屿或有岸礁环列的岛屿的情形下，测算领海宽度的基线是沿海国官方承认的海图上以适当标记显示的礁石的向海低潮线。

第七条 直线基线

1. 在海岸线极为曲折的地方，或者如果紧接海岸有一系列岛屿，测算领海宽度的基线的划定可采用连接各适当点的直线基线法。

2. 在因有三角洲和其他自然条件以致海岸线非常不稳定之处，可沿低潮线向海最远处选择各适当点，而且，尽管以后低潮线发生后退现象，该直线基线在沿海国按照本公约加以改变以前仍然有效。

3. 直线基线的划定不应在任何明显的程度上偏离海岸的一般方向，而且基线内的海域必须充分接近陆地领土，使其受内水制度的支配。

4. 除在低潮高地上筑有永久高于海平面的灯塔或类似设施，或以这种高地作为划定基线的起讫点已获得国际一般承认者外，直线基线的划定不应以低潮高地为起讫点。

5. 在依据第 1 款可以采用直线基线法之处，确定特定基线时，对于有关地区所特有的并经长期惯例清楚地证明其为实在而重要的经济利益，可予以考虑。

6. 一国不得采用直线基线制度，致使另一国的领海同公海或专属经济区隔断。

第八条　内水

1. 除第四部分另有规定外，领海基线向陆一面的水域构成国家内水的一部分。

2. 如果按照第七条所规定的方法确定直线基线的效果使原来并未认为是内水的区域被包围在内成为内水，则在此种水域内应有本公约所规定的无害通过权。

第九条　河口

如果河流直接流入海洋，基线应是一条在两岸低潮线上两点之间横越河口的直线。

第十条　海湾

1. 本条仅涉及海岸属于一国的海湾。

2. 为本公约的目的，海湾是明显的水曲，其凹入程度和曲口宽度的比例，使其有被陆地环抱的水域，而不仅为海岸的弯曲。但水曲除其面积等于或大于横越曲口所划的直线作为直径的半圆形的面积外，不应视为海湾。

3. 为测算的目的，水曲的面积是位于水曲陆岸周围的低潮标和一条连接水曲天然入口两端低潮标的线之间的面积。如果因有岛屿而水曲有一个以上的曲口，该半圆形应划在与横越各曲口的各线总长度相等的一条线上。水曲内的岛屿应视为水曲水域的一部分而包括在内。

4. 如果海湾天然入口两端的低潮标之间的距离不超过二十四海里，则可在这两个低潮标之间划出一条封口线，该线所包围的水域应视为内水。

5. 如果海湾天然入口两端的低潮标之间的距离超过二十四海里，二十四海里的直线基线应划在海湾内，以划入该长度的线所可能划入的最大水域。

6. 上述规定不适用于所谓“历史性”海湾，也不适用于采用第七条所规定的直线基线法的任何情形。

第十一条　港口

为了划定领海的目的，构成海港体系组成部分的最外部永久海港工程视为海岸的一部分。近岸设施和人工岛屿不应视为永久海港工程。

第十二条　泊船处

通常用于船舶装卸和下锚的泊船处，即使全部或一部位于领海的外部界限以外，都包括在领海范围之内。

第十三条　低潮高地

1. 低潮高地是在低潮时四面环水并高于水面但在高潮时没入水中的自然形成的陆地。如果低潮高地全部或一部与大陆或岛屿的距离不超过领海的宽度，该高地的低潮线可作为测算领海宽度的基线。

2. 如果低潮高地全部与大陆或岛屿的距离超过领海的宽度，则该高地没有其自己的领海。

第十四条　确定基线的混合办法

沿海国为适应不同情况，可交替使用以上各条规定的任何方法以确定基线。

第十五条 海岸相向或相邻国家间领海界限的划定

如果两国海岸彼此相向或相邻，两国中任何一国在彼此没有相反协议的情形下，均无权将其领海伸延至一条其每一点都同测算两国中每一国领海宽度的基线上最近各点距离相等的中间线以外。但如因历史性所有权或其他特殊情况而有必要按照与上述规定不同的方法划定两国领海的界限，则不适用上述规定。

第十六条 海图和地理坐标表

1. 按照第七、第九和第十条确定的测算领海宽度的基线，或根据基线划定的界限，和按照第十二和第十五条划定的分界线，应在足以确定这些线的位置的一种或几种比例尺的海图上标出。或者，可以用列出各点的地理坐标并注明大地基准点的表来代替。

2. 沿海国应将这种海图或地理坐标表妥为公布，并应将各该海图和坐标表的一份副本交存于联合国秘书长。

第三节 领海的无害通过

A分节 适用于所有船舶的规则

第十七条 无害通过权

在本公约的限制下，所有国家，不论为沿海国或内陆国，其船舶均享有无害通过领海的权利。

第十八条 通过的意义

1. 通过是指为了下列目的，通过领海的航行：

(a) 穿过领海但不进入内水或停靠内水以外的泊船处或港口设施；或

(b) 驶往或驶出内水或停靠这种泊船处或港口设施。

2. 通过应继续不停和迅速进行。通过包括停船和下锚在内，但以通常航行所附带发生的或由于不可抗力或遇难所必要的或为救助遇险或遭难的人员、船舶或飞机的目的为限。

第十九条 无害通过的意义

1. 通过只要不损害沿海国的和平、良好秩序或安全，就是无害的。这种通过的进行应符合本公约和其他国际法规则。

2. 如果外国船舶在领海内进行下列任何一种活动，其通过即应视为损害沿海国的和平、良好秩序或安全：

(a) 对沿海国的主权、领土完整或政治独立进行任何武力威胁或使用武力，或以任何其他违反《联合国宪章》所体现的国际法原则的方式进行武力威胁或使用武力；

(b) 以任何种类的武器进行任何操练或演习；

(c) 任何目的在于搜集情报使沿海国的防务或安全受损害的行为；

(d) 任何目的在于影响沿海国防务或安全的宣传行为；

(e) 在船上起落或接载任何飞机；

(f) 在船上发射、降落或接载任何军事装置；

(g) 违反沿海国海关、财政、移民或卫生的法律和规章，上下任何商品、货币或人员；

(h) 违反本公约规定的任何故意和严重的污染行为；

(i) 任何捕鱼活动；

(j) 进行研究或测量活动；

(k) 任何目的在于干扰沿海国任何通讯系统或任何其他设施或设备的行为；

(l) 与通过没有直接关系的任何其他活动。

第二十条 潜水艇和其他潜水器

在领海内，潜水艇和其他潜水器，须在海面上航行并展示其旗帜。

第二十一条 沿海国关于无害通过的法律和规章

1. 沿海国可依本公约规定和其他国际法规则，对下列各项或任何一项制定关于无害通过领海的法律和规章：

(a) 航行安全及海上交通管理；

(b) 保护助航设备和设施以及其他设施或设备；

(c) 保护电缆和管道；

(d) 养护海洋生物资源；

(e) 防止违犯沿海国的渔业法律和规章；

(f) 保全沿海国的环境，并防止、减少和控制该环境受污染；

(g) 海洋科学研究和水文测量；

(h) 防止违犯沿海国的海关、财政、移民或卫生的法律和规章。

2. 这种法律和规章除使一般接受的国际规则或标准有效外，不应适用于外国船舶的设计、构造、人员配备或装备。

3. 沿海国应将所有这种法律和规章妥为公布。

4. 行使无害通过领海权利的外国船舶应遵守所有这种法律和规章以及关于防止海上碰撞的一切一般接受的国际规章。

第二十二条 领海内的海道和分道通航制

1. 沿海国考虑到航行安全认为必要时，可要求行使无害通过其领海权利的外国船舶使用其为管制船舶通过而指定或规定的海道和分道通航制。

2. 特别是沿海国可要求油轮、核动力船舶和载运核物质或材料或其他本质上危险或有毒物质或材料的船舶只在上述海道通过。

3. 沿海国根据本条指定海道和规定分道通航制时，应考虑到：

(a) 主管国际组织的建议；

(b) 习惯上用于国际航行的水道；

(c) 特定船舶和水道的特殊性质；和

(d) 船舶来往的频繁程度。

4. 沿海国应在海图上清楚地标出这种海道和分道通航制，并应将该海图妥为公布。

第二十三条　外国核动力船舶和载运核物质或其他本质上危险或有毒物质的船舶

外国核动力船舶和载运核物质或其他本质上危险或有毒物质的船舶，在行使无害通过领海的权利时，应持有国际协定为这种船舶所规定的证书并遵守国际协定所规定的特别预防措施。

第二十四条　沿海国的义务

1. 除按照本公约规定外，沿海国不应妨碍外国船舶无害通过领海。尤其在适用本公约或依本公约制定的任何法律或规章时，沿海国不应：

（a）对外国船舶强加要求，其实际后果等于否定或损害无害通过的权利；或

（b）对任何国家的船舶、或对载运货物来往任何国家的船舶或对替任何国家载运货物的船舶，有形式上或事实上的歧视。

2. 沿海国应将其所知的在其领海内对航行有危险的任何情况妥为公布。

第二十五条　沿海国的保护权

1. 沿海国可在其领海内采取必要的步骤以防止非无害的通过。

2. 在船舶驶往内水或停靠内水外的港口设备的情形下，沿海国也有权采取必要的步骤，以防止对准许这种船舶驶往内水或停靠港口的条件的任何破坏。

3. 如为保护国家安全包括武器演习在内而有必要，沿海国可在对外国船舶之间在形式上或事实上不加歧视的条件下，在其领海的特定区域内暂时停止外国船舶的无害通过。这种停止仅应在正式公布后发生效力。

第二十六条　可向外国船舶征收的费用

1. 对外国船舶不得仅以其通过领海为理由而征收任何费用。

2. 对通过领海的外国船舶，仅可作为对该船舶提供特定服务的报酬而征收费用。征收上述费用不应有任何歧视。

B 分节　适用于商船和用于商业目的的政府船舶的规则

第二十七条　外国船舶上的刑事管辖权

1. 沿海国不应在通过领海的外国船舶上行使刑事管辖权，以逮捕与在该船舶通过期间船上所犯任何罪行有关的任何人或进行与该罪行有关的任何调查，但下列情形除外：

（a）罪行的后果及于沿海国；

（b）罪行属于扰乱当地安宁或领海的良好秩序的性质；

（c）经船长或船旗国外交代表或领事官员请求地方当局予以协助；或

（d）这些措施是取缔违法贩运麻醉药品或精神调理物质所必要的。

2. 上述规定不影响沿海国为在驶离内水后通过领海的外国船舶上进行逮捕或调查的目的而采取其法律所授权的任何步骤的权利。

3. 在第 1 和第 2 两款规定的情形下，如经船长请求，沿海国在采取任何步骤前应通知船旗国的外交代表或领事官员，并应便利外交代表或领事官员和船上乘务人员之间的接触。遇有紧急情况，发出此项通知可与采取措施同时进行。

4. 地方当局在考虑是否逮捕或如何逮捕时，应适当顾及航行的利益。

5. 除第十二部分有所规定外或有违犯按照第五部分制定的法律和规章的情形，如果来自外国港口的外国船舶仅通过领海而不驶入内水，沿海国不得在通过领海的该船舶上采取任何步骤，以逮捕与该船舶驶进领海前所犯任何罪行有关的任何人或进行与该罪行有关的调查。

第二十八条　对外国船舶的民事管辖权

1. 沿海国不应为对通过领海的外国船舶上某人行使民事管辖权的目的而停止其航行或改变其航向。

2. 沿海国不得为任何民事诉讼的目的而对船舶从事执行或加以逮捕，但涉及该船舶本身在通过沿海国水域的航行中或为该航行的目的而承担的义务或因而负担的责任，则不在此限。

3. 第 2 款不妨害沿海国按照其法律为任何民事诉讼的目的而对在领海内停泊或驶离内水后通过领海的外国船舶从事执行或加以逮捕的权利。

C 分节　适用于军舰和其他用于非商业目的的政府船舶的规则

第二十九条　军舰的定义

为本公约的目的，“军舰”是指属于一国武装部队、具备辨别军舰国籍的外部标志、由该国政府正式委任并名列相应的现役名册或类似名册的军官指挥和配备有服从正规武装部队纪律的船员的船舶。

第三十条　军舰对沿海国法律和规章的不遵守

如果任何军舰不遵守沿海国关于通过领海的法律和规章，而且不顾沿海国向其提出遵守法律和规章的任何要求，沿海国可要求该军舰立即离开领海。

第三十一条　船旗国对军舰或其他用于非商业目的的政府船舶所造成的损害的责任

对于军舰或其他用于非商业目的的政府船舶不遵守沿海国有关通过领海的法律和规章或不遵守本公约的规定或其他国际法规则，而使沿海国遭受的任何损失或损害，船旗国应负国际责任。

第三十二条　军舰和其他用于非商业目的的政府船舶的豁免权

A 分节和第三十及第三十一条所规定的情形除外，本公约规定不影响军舰和其他用于非商业目的的政府船舶的豁免权。

第四节　毗连区

第三十三条　毗连区

1. 沿海国可在毗连其领海称为毗连区的区域内，行使为下列事项所必要的管制：

(a) 防止在其领土或领海内违犯其海关、财政、移民或卫生的法律和规章；

(b) 惩治在其领土或领海内违犯上述法律和规章的行为。

2. 毗连区从测算领海宽度的基线量起，不得超过二十四海里。

第三部分 用于国际航行的海峡

第一节 一般规定

第三十四条 构成用于国际航行海峡的水域的法律地位

1. 本分部所规定的用于国际航行的海峡的通过制度，不应在其他方面影响构成这种海峡的水域的法律地位，或影响海峡沿岸国对这种水域及其上空、海床和底土行使其主权或管辖权。

2. 海峡沿岸国的主权或管辖权的行使受本部分和其他国际法规则的限制。

第三十五条 本部分的范围

本部分的任何规定不影响：

(a) 海峡内任何内水区域，但按照第七条所规定的方法确定直线基线的效果使原来并未认为是内水的区域被包围在内成为内水的情况除外；

(b) 海峡沿岸国领海以外的水域作为专属经济区或公海的法律地位；或

(c) 某些海峡的法律制度，这种海峡的通过已全部或部分地规定在长期存在、现行有效的专门关于这种海峡的国际公约中。

第三十六条 穿过用于国际航行的海峡的公海航道或穿过专属经济区的航道

如果穿过某一用于国际航行的海峡有在航行和水文特征方面同样方便的一条穿过公海或穿过专属经济区的航道，本部分不适用于该海峡；在这种航道中，适用本公约其他有关部分其中包括关于航行和飞越自由的规定。

第二节 过境通行

第三十七条 本节的范围

本节适用于在公海或专属经济区的一个部分和公海或专属经济区的另一部分之间的用于国际航行的海峡。

第三十八条 过境通行权

1. 在第三十七条所指的海峡中，所有船舶和飞机均享有过境通行的权利，过境通行不应受阻碍；但如果海峡是由海峡沿岸国的一个岛屿和该国大陆形成，而且该岛向海一面有在航行和水文特征方面同样方便的一条穿过公海，或穿过专属经济区的航道，过境通行就不应适用。

2. 过境通行是指按照本部分规定，专为在公海或专属经济区的一个部分和公海或专属经济区的另一部分之间的海峡继续不停和迅速过境的目的而行使航行和飞越自由。但是，对继续不停和迅速过境的要求，并不排除在一个海峡沿岸国入境条件的限制下，为驶入、驶离该国或自该国返回的目的而通过海峡。

3. 任何非行使海峡过境通行权的活动，仍受本公约其他适用的规定的限制。

第三十九条　船舶和飞机在过境通行时的义务

1. 船舶和飞机在行使过境通行权时应：

（a）毫不迟延地通过或飞越海峡；

（b）不对海峡沿岸国的主权、领土完整或政治独立进行任何武力威胁或使用武力，或以任何其他违反《联合国宪章》所体现的国际法原则的方式进行武力威胁或使用武力；

（c）除因不可抗力或遇难而有必要外，不从事其继续不停和迅速过境的通常方式所附带发生的活动以外的任何活动；

（d）遵守本部分的其他有关规定。

2. 过境通行的船舶应：

（a）遵守一般接受的关于海上安全的国际规章、程序和惯例，包括《国际海上避碰规则》；

（b）遵守一般接受的关于防止、减少和控制来自船舶的污染的国际规章、程序和惯例。

3. 过境通行的飞机应：

（a）遵守国际民用航空组织制定的适用于民用飞机的《航空规则》；国有飞机通常应遵守这种安全措施，并在操作时随时适当顾及航行安全；

（b）随时监听国际上指定的空中交通管制主管机构所分配的无线电频率或有关的国际呼救无线电频率。

第四十条　研究和测量活动

外国船舶包括海洋科学研究和水文测量的船舶在内，在过境通行时，非经海峡沿岸国事前准许，不得进行任何研究或测量活动。

第四十一条　用于国际航行的海峡内的海道和分道通航制

1. 依照本部分，海峡沿岸国可于必要时为海峡航行指定海道和规定分道通航制，以促进船舶的安全通过。

2. 这种国家可于情况需要时，经妥为公布后，以其他海道或分道通航制替换任何其原先指定或规定的海道或分道通航制。

3. 这种海道和分道通航制应符合一般接受的国际规章。

4. 海峡沿岸国在指定或替换海道或在规定或替换分道通航制以前，应将提议提交主管国际组织，以期得到采纳。该组织仅可采纳同海峡沿岸国议定的海道和分道通航制，在此以后，海峡沿岸国可对这些海道和分道通航制予以指定、规定或替换。

5. 对于某一海峡，如所提议的海道或分道通航制穿过该海峡两个或两个以上沿岸国的水域，有关各国应同主管国际组织协商，合作拟订提议。

6. 海峡沿岸国应在海图上清楚地标出其所指定或规定的一切海道和分道通航制，并应将该海图妥为公布。

7. 过境通行的船舶应尊重按照本条制定的适用的海道和分道通航制。

第四十二条　海峡沿岸国关于过境通行的法律和规章

1. 在本节规定的限制下，海峡沿岸国可对下列各项或任何一项制定关于通过海峡的过境通行的法律和规章：

（a）第四十一条所规定的航行安全和海上交通管理；

（b）使有关在海峡内排放油类、油污废物和其他有毒物质的适用的国际规章有效，以防止、减少和控制污染；

（c）对于渔船，防止捕鱼，包括渔具的装载；

（d）违反海峡沿岸国海关、财政、移民或卫生的法律和规章，上下任何商品、货币或人员。

2. 这种法律和规章不应在形式上或事实上在外国船舶间有所歧视，或在其适用上有否定、妨碍或损害本节规定的过境通行权的实际后果。

3. 海峡沿岸国应将所有这种法律和规章妥为公布。

4. 行使过境通行权的外国船舶应遵守这种法律和规章。

5. 享有主权豁免的船舶的船旗国或飞机的登记国，在该船舶或飞机不遵守这种法律和规章或本部分的其他规定时，应对海峡沿岸国遭受的任何损失和损害负国际责任。

第四十三条　助航和安全设备及其他改进办法以及污染的防止、减少和控制

海峡使用国和海峡沿岸国应对下列各项通过协议进行合作：

（a）在海峡内建立并维持必要的助航和安全设备或帮助国际航行的其他改进办法；和

（b）防止、减少和控制来自船舶的污染。

第四十四条　海峡沿岸国的义务

海峡沿岸国不应妨碍过境通行，并应将其所知的海峡内或海峡上空对航行或飞越有危险的任何情况妥为公布。过境通行不应予以停止。

第三节　无害通过

第四十五条　无害通过

1. 按照第二部分第三节，无害通过制度应适用于下列用于国际航行的海峡：

（a）按照第三十八条第1款不适用过境通行制度的海峡；或

（b）在公海或专属经济区的一个部分和外国领海之间的海峡。

2. 在这种海峡中的无害通过不应予以停止。

第四部分　群岛国

第四十六条　用语

为本公约的目的：

(a)“群岛国”是指全部由一个或多个群岛构成的国家，并可包括其他岛屿；

(b)“群岛”是指一群岛屿，包括若干岛屿的若干部分、相连的水域或其他自然地形，彼此密切相关，以致这种岛屿、水域和其他自然地形在本质上构成一个地理、经济和政治的实体，或在历史上已被视为这种实体。

第四十七条　群岛基线

1. 群岛国可划定连接群岛最外缘各岛和各干礁的最外缘各点的直线群岛基线，但这种基线应包括主要的岛屿和一个区域，在该区域内，水域面积和包括环礁在内的陆地面积的比例应在一比一至九比一之间。

2. 这种基线的长度不应超过一百海里。但围绕任何群岛的基线总数中至多百分之三可超过该长度，最长以一百二十五海里为限。

3. 这种基线的划定不应在任何明显的程度上偏离群岛的一般轮廓。

4. 除在低潮高地上筑有永久高于海平面的灯塔或类似设施，或者低潮高地全部或一部与最近的岛屿的距离不超过领海的宽度外，这种基线的划定不应以低潮高地为起讫点。

5. 群岛国不应采用一种基线制度，致使另一国的领海同公海或专属经济区隔断。

6. 如果群岛国的群岛水域的一部分位于一个直接相邻国家的两个部分之间，该邻国传统上在该水域内行使的现在权利和一切其他合法利益以及两国间协定所规定的一切权利，均应继续，并予以尊重。

7. 为计算第1款规定的水域与陆地的比例的目的，陆地面积可包括位于岛屿和环礁的岸礁以内的水域，其中包括位于陡侧海台周围的一系列灰岩岛和干礁所包围或几乎包围的海台的那一部分。

8. 按照本条划定的基线，应在足以确定这些线的位置的一种或几种比例尺的海图上标出。或者，可以用列出各点的地理坐标并注明大地基准点的表来代替。

9. 群岛国应将这种海图或地理坐标表妥为公布，并应将各该海图或坐标表的一份副本交存于联合国秘书长。

第四十八条　领海、毗连区、专属经济区和大陆架宽度的测算

领海、毗连区、专属经济区和大陆架的宽度，应从按照第四十七条划定的群岛基线量起。

第四十九条　群岛水域、群岛水域的上空、海床和底土的法律地位

1. 群岛国的主权及于按照第四十七条划定的群岛基线所包围的水域，称为群岛水域，不论其深度或距离海岸的远近如何。

2. 此项主权及于群岛水域的上空、海床和底土，以及其中所包含的资源。

3. 此项主权的行使受本部分规定的限制。

4. 本部分所规定的群岛海道通过制度，不应在其他方面影响包括海道在内的群岛水域的地位，或影响群岛国对这种水域及其上空、海床和底土以及其中所含资源行使其主权。

第五十条 内水界限的划定

群岛国可按照第九、第十和第十一条，在其群岛水域内用封闭线划定内水的界限。

第五十一条 现有协定、传统捕鱼权利和现有海底电缆

1. 在不妨害第四十九条的情形下，群岛国应尊重与其他国家间的现有协定，并应承认直接相邻国家在群岛水域范围内的某些区域内的传统捕鱼权利和其他合法活动。行使这种权利和进行这种活动的条款和条件，包括这种权利和活动的性质、范围和适用的区域，经任何有关国家要求，应由有关国家之间的双边协定予以规定。这种权利不应转让给第三国或其国民，或与第三国或其国民分享。

2. 群岛国应尊重其他国家所铺设的通过其水域而不靠岸的现有海底电缆。群岛国于接到关于这种电缆的位置和修理或更换这种电缆的意图的适当通知后，应准许对其进行维修和更换。

第五十二条 无害通过权

1. 在第五十三条的限制下并在不妨害第五十条的情形下，按照第二部分第三节的规定，所有国家的船舶均享有通过群岛水域的无害通过权。

2. 如为保护国家安全所必要，群岛国可在对外国船舶之间在形式上或事实上不加歧视的条件下，暂时停止外国船舶在其群岛水域特定区域内的无害通过。这种停止仅应在正式公布后发生效力。

第五十三条 群岛海道通过权

1. 群岛国可指定适当的海道和其上的空中航道，以便外国船舶和飞机继续不停和迅速通过或飞越其群岛水域和邻接的领海。

2. 所有船舶和飞机均享有在这种海道和空中航道内的群岛海道通过权。

3. 群岛海道通过是指按照本公约规定，专为在公海或专属经济区的一部分和公海或专属经济区的另一部分之间继续不停、迅速和无障碍地过境的目的，行使正常方式的航行和飞越的权利。

4. 这种海道和空中航道应穿过群岛水域和邻接的领海，并应包括用作通过群岛水域或其上空的国际航行或飞越的航道的所有正常通道，并且在这种航道内，就船舶而言，包括所有正常航行水道，但无须在相同的进出点之间另设同样方便的其他航道。

5. 这种海道和空中航道应以通道进出点之间的一系列连续不断的中心线划定，通过群岛海道和空中航道的船舶和飞机在通过时不应偏离这种中心线二十五海里以外，但这种船舶和飞机在航行时与海岸的距离不应小于海道边缘各岛最近各点之间的距离的百分之十。

6. 群岛国根据本条指定海道时，为了使船舶安全通过这种海道内的狭窄水道，也可规定分道通航制。

7. 群岛国可于情况需要时，经妥为公布后，以其他的海道或分道通航制替换任何其原先指定或规定的海道或分道通航制。

8. 这种海道或分道通航制应符合一般接受的国际规章。

9. 群岛国在指定或替换海道或在规定或替换分道通航制时，应向主管国际组织提出建议，以期得到采纳。该组织仅可采纳同群岛国议定的海道和分道通航制；在此以后，群岛国可对这些海道和分道通航制予以指定、规定或替换。

10. 群岛国应在海图上清楚地标出其指定或规定的海道中心线和分道通航制，并应将该海图妥为公布。

11. 通过群岛海道的船舶应尊重按照本条制定的适用的海道和分道通航制。

12. 如果群岛国没有指定海道或空中航道，可通过正常用于国际航行的航道，行使群岛海道通过权。

第五十四条　船舶和飞机在通过时的义务、研究和测量活动、群岛国的义务以及群岛国关于群岛海道通过的法律和规章

第三十九、第四十、第四十二和第四十四各条比照适用于群岛海道通过。

第五部分 专属经济区

第五十五条 专属经济区的特定法律制度

专属经济区是领海以外并邻接领海的一个区域，受本部分规定的特定法律制度的限制，在这个制度下，沿海国的权利和管辖权以及其他国家的权利和自由均受本公约有关规定的支配。

第五十六条 沿海国在专属经济区内的权利、管辖权和义务

1. 沿海国在专属经济区内有：

（a）以勘探和开发、养护和管理海床上覆水域和海床及其底土的自然资源（不论为生物或非生物资源）为目的的主权权利，以及关于在该区内从事经济性开发和勘探，如利用海水、海流和风力生产能等其他活动的主权权利；

（b）本公约有关条款规定的对下列事项的管辖权：

（1）人工岛屿、设施和结构的建造和使用；

（2）海洋科学研究；

（3）海洋环境的保护和保全；

（c）本公约规定的其他权利和义务。

2. 沿海国在专属经济区内根据本公约行使其权利和履行其义务时，应适当顾及其他国家的权利和义务，并应以符合本公约规定的方式行事。

3. 本条所载的关于海床和底土的权利，应按照第六部分的规定行使。

第五十七条 专属经济区的宽度

专属经济区从测算领海宽度的基线量起，不应超过二百海里。

第五十八条 其他国家在专属经济区内的权利和义务

1. 在专属经济区内，所有国家，不论为沿海国或内陆国，在本公约有关规定的限制下，享有第八十七条所指的航行和飞越的自由，铺设海底电缆和管道的自由，以及与这些自由有关的海洋其他国际合法用途，诸如同船舶和飞机的操作及海底电缆和管道的使用有关的并符合本公约其他规定的那些用途。

2. 第八十八至第一一五条以及其他国际法有关规则，只要与本部分不相抵触，均适用于专属经济区。

3. 各国在专属经济区内根据本公约行使其权利和履行其义务时，应适当顾及沿海国的权利和义务，并应遵守沿海国按照本公约的规定和其他国际法规则所制定的与本部分不相抵触的法律和规章。

第五十九条 解决关于专属经济区内权利和管辖权的归属的冲突的基础

在本公约未将在专属经济区内的权利或管辖权归属于沿海国或其他国家而沿海国和任何其他一国或数国之间的利益发生冲突的情形下，这种冲突应在公平的基础上参照一切有关情况，考虑到所涉利益分别对有关各方和整个国际社会的重要性，加以解决。

第六十条　专属经济区内的人工岛屿、设施和结构

1. 沿海国在专属经济区内应有专属权利建造并授权和管理建造、操作和使用：

（a）人工岛屿；

（b）为第五十六条所规定的目的和其他经济目的的设施和结构；

（c）可能干扰沿海国在区内行使权利的设施和结构。

2. 沿海国对这种人工岛屿、设施和结构应有专属管辖权，包括有关海关、财政、卫生、安全和移民的法律和规章方面的管辖权。

3. 这种人工岛屿、设施或结构的建造，必须妥为通知，并对其存在必须维持永久性的警告方法。已被放弃或不再使用的任何设施或结构，应予以撤除，以确保航行安全，同时考虑到主管国际组织在这方面制订的任何为一般所接受的国际标准。这种撤除也应适当地考虑到捕鱼、海洋环境的保护和其他国家的权利和义务。尚未全部撤除的任何设施或结构的深度、位置和大小应妥为公布。

4. 沿海国可于必要时在这种人工岛屿、设施和结构的周围设置合理的安全地带，并可在该地带中采取适当措施以确保航行以及人工岛屿、设施和结构的安全。

5. 安全地带的宽度应由沿海国参照可适用的国际标准加以确定。这种地带的设置应确保其与人工岛屿、设施或结构的性质和功能有合理的关联；这种地带从人工岛屿、设施或结构的外缘各点量起，不应超过这些人工岛屿、设施或结构周围五百公尺的距离，但为一般接受的国际标准所许可或主管国际组织所建议者除外。安全地带的范围应妥为通知。

6. 一切船舶都必须尊重这些安全地带，并应遵守关于在人工岛屿、设施、结构和安全地带附近航行的一般接受的国际标准。

7. 人工岛屿、设施和结构及其周围的安全地带，不得设在对使用国际航行必经的公认海道可能有干扰的地方。

8. 人工岛屿、设施和结构不具有岛屿地位。它们没有自己的领海，其存在也不影响领海、专属经济区或大陆架界限的划定。

第六十一条　生物资源的养护

1. 沿海国应决定其专属经济区内生物资源的可捕量。

2. 沿海国参照其可得到的最可靠的科学证据，应通过正当的养护和管理措施，确保专属经济区内生物资源的维持不受过度开发的危害。在适当情形下，沿海国和各主管国际组织，不论是分区域、区域或全球性的，应为此目的进行合作。

3. 这种措施的目的也应在包括沿海渔民社区的经济需要和发展中国家的特殊要求在内的各种有关的环境和经济因素的限制下，使捕捞鱼种的数量维持在或恢复到能够生产最高持续产量的水平，并考虑到捕捞方式、种群的相互依存以及任何一般建议的国际最低标准，不论是分区域、区域或全球性的。

4. 沿海国在采取这种措施时，应考虑到与所捕捞鱼种有关联或依赖该鱼种而生存的鱼种所受的影响，以便使这些有关联或依赖的鱼种的数量维持在或恢复到其繁殖不会受严重威胁的水平以上。

5. 在适当情形下，应通过各主管国际组织，不论是分区域、区域或全球性的，并在所有有关国家，包括其国民获准在专属经济区捕鱼的国家参加下，经常提供和交换可获得的科学情报、渔获量和渔捞努力量统计，以及其他有关养护鱼的种群的资料。

第六十二条 生物资源的利用

1. 沿海国应在不妨害第六十一条的情形下促进专属经济区内生物资源最适度利用的目的。

2. 沿海国应决定其捕捞专属经济区内生物资源的能力。沿海国在没有能力捕捞全部可捕量的情形下，应通过协定或其他安排，并根据第4款所指的条款、条件、法律和规章，准许其他国家捕捞可捕量的剩余部分，特别顾及第六十九和第七十条的规定，尤其是关于其中所提到的发展中国家的部分。

3. 沿海国在根据本条准许其他国家进入其专属经济区时，应考虑到所有有关因素，除其他外，包括：该区域的生物资源对有关沿海国的经济和其他国家利益的重要性，第六十九和第七十条的规定，该分区域或区域内的发展中国家捕捞一部分剩余量的要求，以及尽量减轻其国民惯常在专属经济区捕鱼或曾对研究和测定种群做过大量工作的国家经济失调现象的需要。

4. 在专属经济区内捕鱼的其他国家的国民应遵守沿海国的法律和规章中所制订的养护措施和其他条款和条件。这种规章应符合本公约，除其他外，并可涉及下列各项：

(a) 发给渔民、渔船和捕捞装备以执照，包括交纳规费和其他形式的报酬，而就发展中的沿海国而言，这种报酬可包括有关渔业的资金、装备和技术方面的适当补偿；

(b) 决定可捕鱼种，和确定渔获量的限额，不论是关于特定种群或多种种群或一定期间的单船渔获量，或关于特定期间内任何国家国民的渔获量；

(c) 规定渔汛和渔区，可使用渔具的种类、大小和数量以及渔船的种类、大小和数目；

(d) 确定可捕鱼类和其他鱼种的年龄和大小；

(e) 规定渔船应交的情报，包括渔获量和渔捞努力量统计和船只位置的报告；

(f) 要求在沿海国授权和控制下进行特定渔业研究计划，并管理这种研究的进行，其中包括渔获物抽样、样品处理和相关科学资料的报告；

(g) 由沿海国在这种船只上配置观察员或受训人员；

(h) 这种船只在沿海港口卸下渔获量的全部或任何部分；

(i) 有关联合企业或其他合作安排的条款和条件；

(j) 对人员训练和渔业技术转让的要求，包括提高沿海国从事渔业研究的能力；

(k) 执行程序。

5. 沿海国应将养护和管理的法律和规章妥为通知。

第六十三条 出现在两个或两个以上沿海国专属经济区的种群或出现在专属经济区内而又出现在专属经济区外的邻接区域内的种群

1. 如果同一种群或有关联的鱼种的几个种群出现在两个或两个以上沿海国的专属经济区内，这些国家应直接或通过适当的分区域或区域组织，设法就必要措施达成协议，以便在不妨害本部分其他规定的情形下，协调并确保这些种群的养护和发展。

2. 如果同一种群或有关联的鱼种的几个种群出现在专属经济区内而又出现在专属经济区外的邻接区域内，沿海国和在邻接区域内捕捞这种种群的国家，应直接或通过适当的分区域或区域组织，设法就必要措施达成协议，以养护在邻接区域内的这些种群。

第六十四条 高度洄游鱼种

1. 沿海国和其国民在区域内捕捞附件一所列的高度洄游鱼种的其他国家应直接或通过适当国际组织进行合作，以期确保在专属经济区以内和以外的整个区域内的这种鱼种的养护和促进最适度利用这种鱼种的目标。在没有适当的国际组织存在的区域内，沿海国和其国民在区域内捕捞这些鱼种的其他国家，应合作设立这种组织并参加其工作。

2. 第1款的规定作为本部分其他规定的补充而适用。

第六十五条 海洋哺乳动物

本部分的任何规定并不限制沿海国的权利或国际组织的职权，对捕捉海洋哺乳动物执行较本部分规定更为严格的禁止、限制或管制。各国应进行合作，以期养护海洋哺乳动物，在有关鲸类动物方面，尤应通过适当的国际组织，致力于这种动物的养护、管理和研究。

第六十六条 溯河产卵种群

1. 有溯河产卵种群源自其河流的国家对于这种群应有主要利益和责任。

2. 溯河产卵种群的鱼源国，应制订关于在其专属经济区外部界限向陆一面的一切水域中的捕捞和关于第3款（b）项中所规定的捕捞的适当管理措施，以确保这种种群的养护。鱼源国可与第3和第4款所指的捕捞这些种群的其他国家协商后，确定源自其河流的种群的总可捕量。

3.

（a）捕捞溯河产卵种群的渔业活动，应只在专属经济区外部界限向陆一面的水域中进行，但这项规定引起鱼源国以外的国家经济失调的情形除外。关于在专属经济区外部界限以外进行的这种捕捞，有关国家应保持协商，以期就这种捕捞的条款和条件达成协议，并适当顾及鱼源国对这些种群加以养护的要求和需要；

（b）鱼源国考虑到捕捞这些种群的其他国家的正常渔获量和作业方式，以及进行这种捕捞活动的所有地区，应进行合作以尽量减轻这种国家的经济失调；

（c）（b）项所指的国家，经与鱼源国协议后参加使溯河产卵种群再生的措施者，特别是分担作此用途的开支者，在捕捞源自鱼源国河流的种群方面，应得到鱼源国的特别考虑；

（d）鱼源国和其他有关国家应达成协议，以执行有关专属经济区以外的溯河产卵种群的法律和规章。

4. 在溯河产卵种群洄游进入或通过鱼源国以外国家的专属经济区外部界限向陆一面的水域的情形下，该国应在养护和管理这种种群方面同鱼源国进行合作。

5. 溯河产卵种群的鱼源国和捕捞这些种群的其他国家，为了执行本条的各项规定，应作出安排，在适当情形下通过区域性组织作出安排。

第六十七条　降河产卵鱼种

1. 降河产卵鱼种在其水域内度过大部分生命周期的沿海国，应有责任管理这些鱼种，并应确保洄游鱼类的出入。

2. 捕捞降河产卵鱼种，应只在专属经济区外部界限向陆一面的水域中进行。在专属经济区内进行捕捞时，应受本条及本公约关于在专属经济区内捕鱼的其他规定的限制。

3. 在降河产卵鱼种不论幼鱼或成鱼洄游通过另外一国的专属经济区的情形下，这种鱼的管理，包括捕捞，应由第1款所述的国家和有关的另外一国协议规定。这种协议应确保这些鱼种的合理管理，并考虑到第1款所述国家在维持这些鱼种方面所负的责任。

第六十八条　定居种

本部分的规定不适用于第七十七条第4款所规定的定居种。

第六十九条　内陆国的权利

1. 内陆国应有权在公平的基础上，参与开发同一分区域或区域的沿海国专属经济区的生物资源的适当剩余部分，同时考虑到所有有关国家的相关经济和地理情况，并遵守本条及第六十一和第六十二条的规定。

2. 这种参与的条款和方式应由有关国家通过双边、分区域或区域协定加以制订，除其他外，考虑到下列各项：

（a）避免对沿海国的渔民社区或渔业造成不利影响的需要；

（b）内陆国按照本条规定，在现有的双边、分区域或区域协定下参与或有权参与开发其他沿海国专属经济区的生物资源的程度；

（c）其他内陆国和地理不利国参与开发沿海国专属经济区的生物资源的程度，以及避免因此使任何一个沿海国、或其一部分地区承受特别负担的需要；

（d）有关各国人民的营养需要。

3. 当一个沿海国的捕捞能力接近能够捕捞其专属经济区内生物资源的可捕量的全部时，该沿海国与其他有关国家应在双边、分区域或区域的基础上，合作制订公平安排，在适当情形下并按照有关各方都满意的条款，容许同一分区域或区域的发展中内陆国参与开发该分区域或区域的沿海国专属经济区内的生物资源。在实施本规定时，还应考虑到第2款所提到的因素。

4. 根据本条规定，发达的内陆国应仅有权参与开发同一分区域或区域内发达沿海国专属经济区的生物资源，同时顾及沿海国在准许其他国家捕捞其专属经济区内生物资源时，在多大程度上已考虑到需要尽量减轻其国民惯常在该经济区捕鱼的国家的经济失调及渔民社区所受的不利影响。

5. 上述各项规定不妨害在分区域或区域内议定的安排，沿海国在这种安排中可能给予同一分区域或区域的内陆国开发其专属经济区内生物资源的同等或优惠权利。

第七十条　地理不利国的权利

1. 地理不利国应有权在公平的基础上参与开发同一分区域或区域的沿海国专属经济区的生物资源的适当剩余部分，同时考虑到所有有关国家的相关经济和地理情况，并遵守本条及第六十一和第六十二条的规定。

2. 为本部分的目的，“地理不利国”是指其地理条件使其依赖于开发同一分区域或区域的其他国家专属经济区内的生物资源，以供应足够的鱼类来满足其人民或部分人民的营养需要的沿海国，包括闭海或半闭海沿岸国在内，以及不能主张有自己的专属经济区的沿海国。

3. 这种参与的条款和方式应由有关国家通过双边、分区域或区域协定加以制订，除其他外，考虑到下列各项：

（a）避免对沿海国的渔民社区或渔业造成不利影响的需要；

（b）地理不利国按照本条规定，在现有的双边、分区域或区域协定下参与或有权参与开发其他沿海国专属经济区的生物资源的程度；

（c）其他地理不利国和内陆国参与开发沿海国专属经济区的生物资源的程度，以及避免因此使任何一个沿海国、或其一部分地区承受特别负担的需要；

（d）有关各国人民的营养需要。

4. 当一个沿海国的捕捞能力接近能够捕捞其专属经济区内生物资源的可捕量的全部时，该沿海国与其他有关国家应在双边、分区域或区域的基础上，合作制订公平安排，在适当情形下并按照有关各方都满意的条款，容许同一分区域或区域的地理不利发展中国家参与开发该分区域或区域的沿海国专属经济区内的生物资源，在实施本规定时，还应考虑到第 3 款所提到的因素。

5. 根据本条规定，地理不利发达国家应只有权参与开发同一分区域或区域发达沿海国的专属经济区的生物资源，同时顾及沿海国在准许其他国家捕捞其专属经济区内生物资源时，在多大程度上已考虑到需要尽量减轻其国民惯常在该经济区捕鱼的国家的经济失调及渔民社区所受的不利影响。

6. 上述各项规定不妨害在分区域或区域内议定的安排，沿海国在这种安排中可能给予同一分区域或区域内地理不利国开发其专属经济区内生物资源的同等或优惠权利。

第七十一条　第六十九和第七十条的不适用

第六十九和第七十条的规定不适用于经济上极为依赖于开发其专属经济区内生物资源的沿海国的情形。

第七十二条　权利的转让的限制

1. 除有关国家另有协议外，第六十九和第七十条所规定的开发生物资源的权利，不应以租借或发给执照、或成立联合企业，或以具有这种转让效果的任何其他方式，直接或间接转让给第三国或其国民。

2. 上述规定不排除有关国家为了便利行使第六十九和第七十条所规定的权利，从第三国或国际组织取得技术或财政援助，但以不发生第 1 款所指的效果为限。

第七十三条　沿海国法律和规章的执行

1. 沿海国行使其勘探、开发、养护和管理在专属经济区内的生物资源的主权权利时，可采取为确保其依照本公约制定的法律和规章得到遵守所必要的措施，包括登临、检查、逮捕和进行司法程序。

2. 被逮捕的船只及其船员，在提出适当的保证书或其他担保后，应迅速获得释放。

3. 沿海国对于在专属经济区内违犯渔业法律和规章的处罚，如有关国家无相反的协议，不得包括监禁，或任何其他方式的体罚。

4. 在逮捕或扣留外国船只的情形下，沿海国应通过适当途径将其所采取的行动及随后所施加的任何处罚迅速通知船旗国。

第七十四条 海岸相向或相邻国家间专属经济区界限的划定

1. 海岸相向或相邻国家间专属经济区的界限，应在国际法院规约第三十八条所指国际法的基础上以协议划定，以便得到公平解决。

2. 有关国家如在合理期间内未能达成任何协议，应诉诸第十五部分所规定的程序。

3. 在达成第 1 款规定的协议以前，有关各国应基于谅解和合作精神，尽一切努力作出实际性的临时安排，并在此过渡期间内，不危害或阻碍最后协议的达成。这种安排应不妨害最后界限的划定。

4. 如果有关国家间存在现行有效的协定，关于划定专属经济区界限的问题，应按照该协定的规定加以决定。

第七十五条 海图和地理坐标表

1. 在本部分的限制下，专属经济区的外部界线和按照第七十四条划定的分界线，应在足以确定这些线的位置的一种或几种比例尺的海图上标出。在适当情形下，可以用列出各点的地理坐标并注明大地基准点的表来代替这种外部界线或分界线。

2. 沿海国应将这种海图或地理坐标表妥为公布，并应将各该海图或坐标表的一份副本交存于联合国秘书长。

第六部分 大陆架

第七十六条 大陆架的定义

1. 沿海国的大陆架包括其领海以外依其陆地领土的全部自然延伸，扩展到大陆边外缘的海底区域的海床和底土，如果从测算领海宽度的基线量起到大陆边的外缘的距离不到二百海里，则扩展到二百海里的距离。

2. 沿海国的大陆架不应扩展到第 4 至第 6 款所规定的界限以外。

3. 大陆边包括沿海国陆块没入水中的延伸部分，由陆架、陆坡和陆基的海床和底土构成，它不包括深洋洋底及其洋脊，也不包括其底土。

4.

(a) 为本公约的目的，在大陆边从测算领海宽度的基线量起超过二百海里的任何情形下，沿海国应以下列两种方式之一，划定大陆边的外缘：

(1) 按照第 7 款，以最外各定点为准划定界线，每一定点上沉积岩厚度至少为从该点至大陆坡脚最短距离的百分之一；或

(2) 按照第 7 款，以离大陆坡脚的距离不超过六十海里的各定点为准划定界线。

(b) 在没有相反证明的情形下，大陆坡脚应定为大陆坡底坡度变动最大之点。

5. 组成按照第 4 款（a）项（1）和（2）目划定的大陆架在海床上的外部界线的各定点，不应超过从测算领海宽度的基线量起三百五十海里，或不应超过连接二千五百公尺深度各点的二千五百公尺等深线一百海里。

6. 虽有第 5 款的规定，在海底洋脊上的大陆架外部界限不应超过从测算领海宽度的基线量起三百五十海里。本款规定不适用于作为大陆边自然构成部分的海台、海隆、海峰、暗滩和坡尖等海底高地。

7. 沿海国的大陆架如从测算领海宽度的基线量起超过二百海里，应连接以经纬度坐标标出的各定点划出长度各不超过六十海里的若干直线，划定其大陆架的外部界限。

8. 从测算领海宽度的基线量起二百海里以外大陆架界限的情报应由沿海国提交根据附件二在公平地区代表制基础上成立的大陆架界限委员会。委员会应就有关划定大陆架外部界限的事项向沿海国提出建议，沿海国在这些建议的基础上划定的大陆架界限应有确定性和拘束力。

9. 沿海国应将永久标明其大陆架外部界限的海图和有关情报，包括大地基准点，交存于联合国秘书长。秘书长应将这些情报妥为公布。

10. 本条的规定不妨害海岸相向或相邻国家间大陆架界限划定的问题。

第七十七条 沿海国对大陆架的权利

1. 沿海国为勘探大陆架和开发其自然资源的目的，对大陆架行使主权权利。

2. 第 1 款所指的权利是专属性的，即：如果沿海国不勘探大陆架或开发其自然资源，任何人未经沿海国明示同意，均不得从事这种活动。

3. 沿海国对大陆架的权利并不取决于有效或象征的占领或任何明文公告。

4. 本部分所指的自然资源包括海床和底土的矿物和其他非生物资源，以及属于定居种的生物，即在可捕捞阶段海床上或海床下不能移动或其躯体须与海床或底土保持接触才能移动的生物。

第七十八条 上覆水域和上空的法律地位以及其他国家的权利和自由

1. 沿海国对大陆架的权利不影响上覆水域或水域上空的法律地位。

2. 沿海国对大陆架权利的行使，绝不得对航行和本公约规定的其他国家的其他权利和自由有所侵害，或造成不当的干扰。

第七十九条 大陆架上的海底电缆和管道

1. 所有国家按照本条的规定都有在大陆架上铺设海底电缆和管道的权利。

2. 沿海国除为了勘探大陆架，开发其自然资源和防止、减少和控制管道造成的污染有权采取合理措施外，对于铺设或维持这种海底电缆或管道不得加以阻碍。

3. 在大陆架上铺设这种管道，其路线的划定须经沿海国同意。

4. 本部分的任何规定不影响沿海国对进入其领土或领海的电缆或管道订立条件的权利，也不影响沿海国对因勘探其大陆架或开发其资源或经营在其管辖下的人工岛屿、设施和结构而建造或使用的电缆和管道的管辖权。

5. 铺设海底电缆和管道时，各国应适当顾及已经铺设的电缆和管道。特别是，修理现有电缆或管道的可能性不应受妨碍。

第八十条 大陆架上的人工岛屿、设施和结构

第六十条比照适用于大陆架上的人工岛屿、设施和结构。

第八十一条 大陆架上的钻探

沿海国有授权和管理为一切目的在大陆架上进行钻探的专属权利。

第八十二条 对二百海里以外的大陆架上的开发应缴的费用和实物

1. 沿海国对从测算领海宽度的基线量起二百海里以外的大陆架上的非生物资源的开发，应缴付费用或实物。

2. 在某一矿址进行第一个五年生产以后，对该矿址的全部生产应每年缴付费用和实物。第六年缴付费用或实物的比率应为矿址产值或产量的百分之一。此后该比率每年增加百分之一，至第十二年为止，其后比率应保持为百分之七。产品不包括供开发用途的资源。

3. 某一发展中国家如果是其大陆架上所生产的某种矿物资源的纯输入者，对该种矿物资源免缴这种费用或实物。

4. 费用或实物应通过管理局缴纳。管理局应根据公平分享的标准将其分配给本公约各缔约国，同时考虑到发展中国家的利益和需要，特别是其中最不发达的国家和内陆国的利益和需要。

第八十三条 海岸相向或相邻国家间大陆架界限的划定

1. 海岸相向或相邻国家间大陆架的界限，应在国际法院规约第三十八条所指国际法的基础上以协议划定，以便得到公平解决。

2. 有关国家如在合理期间内未能达成任何协议，应诉诸第十五部分所规定的程序。

3. 在达成第1款规定的协议以前，有关各国应基于谅解和合作的精神，尽一切努力作出实际性的临时安排，并在此过渡期间内，不危害或阻碍最后协议的达成。这种安排应不妨害最后界限的划定。

4. 如果有关国家间存在现行有效的协定，关于划定大陆架界限的问题，应按照该协定的规定加以决定。

第八十四条　海图和地理坐标表

1. 在本部分的限制下，大陆架外部界限和按照第八十三条划定的分界线，应在足以确定这些线的位置的一种或几种比例尺的海图上标出。在适当情形下，可以用列出各点的地理坐标并注明大地基准点的表来代替这种外部界线或分界线。

2. 沿海国应将这种海图或地理坐标表妥为公布，并应将各该海图或坐标表的一份副本交存于联合国秘书长，如为标明大陆架外部界限的海图或坐标，也交存于管理局秘书长。

第八十五条　开凿隧道

本部分不妨害沿海国开凿隧道以开发底土的权利，不论底土上水域的深度如何。

第七部分 公海

第一节 一般规定

第八十六条 本部分规定的适用

本部分的规定适用于不包括在国家的专属经济区、领海或内水或群岛国的群岛水域内的全部海域。本条规定并不使各国按照第五十八条规定在专属经济区内所享有的自由受到任何减损。

第八十七条 公海自由

1. 公海对所有国家开放，不论其为沿海国或内陆国。公海自由是在本公约和其他国际法规则所规定的条件下行使的。公海自由对沿海国和内陆国而言，除其他外，包括：

(a) 航行自由；

(b) 飞越自由；

(c) 铺设海底电缆和管道的自由，但受第六部分的限制；

(d) 建造国际法所容许的人工岛屿和其他设施的自由，但受第六部分的限制；

(e) 捕鱼自由，但受第二节规定条件的限制；

(f) 科学研究的自由，但受第六和第十三部分的限制。

2. 这些自由应由所有国家行使，但须适当顾及其他国家行使公海自由的利益，并适当顾及本公约所规定的同“区域”内活动有关的权利。

第八十八条 公海只用于和平目的

公海应只用于和平目的。

第八十九条 对公海主权主张的无效

任何国家不得有效地声称将公海的任何部分置于其主权之下。

第九十条 航行权

每个国家，不论是沿海国或内陆国，均有权在公海上行驶悬挂其旗帜的船舶。

第九十一条 船舶的国籍

1. 每个国家应确定对船舶给予国籍、船舶在其领土内登记及船舶悬挂该国旗帜的权利的条件。船舶具有其有权悬挂的旗帜所属国家的国籍。国家和船舶之间必须有真正联系。

2. 每个国家应向其给予悬挂该国旗帜权利的船舶颁发给予该权利的文件。

第九十二条 船舶的地位

1. 船舶航行应仅悬挂一国的旗帜，而且除国际条约或本公约明文规定的例外情形外，在公海上应受该国的专属管辖。除所有权确实转移或变更登记的情形外，船舶在航程中或在停泊港内不得更换其旗帜。

2. 悬挂两国或两国以上旗帜航行并视方便而换用旗帜的船舶，对任何其他国家不得主张其中的任一国籍，并可视同无国籍的船舶。

第九十三条　悬挂联合国、其专门机构和国际原子能机构旗帜的船舶

以上各条不影响用于为联合国、其专门机构或国际原子能机构正式服务并悬挂联合国旗帜的船舶的问题。

第九十四条　船旗国的义务

1. 每个国家应对悬挂该国旗帜的船舶有效地行使行政、技术及社会事项上的管辖和控制。

2. 每个国家特别应：

（a）保持一本船舶登记册，载列悬挂该国旗帜的船舶的名称和详细情况，但因体积过小而不在一般接受的国际规章规定范围内的船舶除外；和

（b）根据其国内法，就有关每艘悬挂该国旗帜的船舶的行政、技术和社会事项，对该船及其船长、高级船员和船员行使管辖权。

3. 每个国家对悬挂该国旗帜的船舶，除其他外，应就下列各项采取为保证海上安全所必要的措施：

（a）船舶的构造、装备和适航条件；

（b）船舶的人员配备、船员的劳动条件和训练，同时考虑到适用的国际文件；

（c）信号的使用、通信的维持和碰撞的防止。

4. 这种措施应包括为确保下列事项所必要的措施：

（a）每艘船舶，在登记前及其后适当的间隔期间，受合格的船舶检验人的检查，并在船上备有船舶安全航行所需要的海图、航海出版物以及航行装备和仪器；

（b）每艘船舶都由具备适当资格，特别是具备航海术、航行、通信和海洋工程方面资格的船长和高级船员负责，而且船员的资格和人数与船舶种类、大小、机械和装备都是相称的；

（c）船长、高级船员和在适当范围内的船员，充分熟悉并须遵守关于海上生命安全，防止碰撞，防止、减少和控制海洋污染和维持无线电通信所适用的国际规章。

5. 每一国家采取第 3 款和第 4 款要求的措施时，须遵守一般接受的国际规章、程序和惯例，并采取为保证这些规章、程序和惯例得到遵行所必要的任何步骤。

6. 一个国家如有明确理由相信对某一船舶未行使适当的管辖和管制，可将这项事实通知船旗国。船旗国接到通知后，应对这一事项进行调查，并于适当时采取任何必要行动，以补救这种情况。

7. 每一国家对于涉及悬挂该国旗帜的船舶在公海上因海难或航行事故对另一国国民造成死亡或严重伤害，或对另一国的船舶或设施、或海洋环境造成严重损害的每一事件，都应由适当的合格人士一人或数人或在有这种人士在场的情况下进行调查。对于该另一国就任何这种海难或航行事故进行的任何调查，船旗国应与该另一国合作。

第九十五条　公海上军舰的豁免权

军舰在公海上有不受船旗国以外任何其他国家管辖的完全豁免权。

第九十六条 专用于政府非商业性服务的船舶的豁免权

由一国所有或经营并专用于政府非商业性服务的船舶，在公海上应有不受船旗国以外任何其他国家管辖的完全豁免权。

第九十七条 关于碰撞事项或任何其他航行事故的刑事管辖权

1. 遇有船舶在公海上碰撞或任何其他航行事故涉及船长或任何其他为船舶服务的人员的刑事或纪律责任时，对此种人员的任何刑事诉讼或纪律程序，仅可向船旗国或此种人员所属国的司法或行政当局提出。

2. 在纪律事项上，只有发给船长证书或驾驶资格证书或执照的国家，才有权在经过适当的法律程序后宣告撤销该证书，即使证书持有人不是发给证书的国家的国民也不例外。

3. 船旗国当局以外的任何当局，即使作为一种调查措施，也不应命令逮捕或扣留船舶。

第九十八条 救助的义务

1. 每个国家应责成悬挂该国旗帜航行的船舶的船长，在不严重危及其船舶、船员或乘客的情况下：

(a) 救助在海上遇到的任何有生命危险的人；

(b) 如果得悉有遇难者需要救助的情形，在可以合理地期待其采取救助行动时，尽速前往拯救；

(c) 在碰撞后，对另一船舶、其船员和乘客给予救助，并在可能情况下，将自己船舶的名称、船籍港和将停泊的最近港口通知另一船舶。

2. 每个沿海国应促进有关海上和上空安全的足敷应用和有效的搜寻和救助服务的建立、经营和维持，并应在情况需要时为此目的通过相互的区域性安排与邻国合作。

第九十九条 贩运奴隶的禁止

每个国家应采取有效措施，防止和惩罚准予悬挂该国旗帜的船舶贩运奴隶，并防止为此目的而非法使用其旗帜。在任何船舶上避难的任何奴隶，不论该船悬挂何国旗帜，均当然获得自由。

第一〇〇条 合作制止海盗行为的义务

所有国家应尽最大可能进行合作，以制止在公海上或在任何国家管辖范围以外的任何其他地方的海盗行为。

第一〇一条 海盗行为的定义

下列行为中的任何行为构成海盗行为：

(a) 私人船舶或私人飞机的船员、机组成员或乘客为私人目的，对下列对象所从事的任何非法的暴力或扣留行为，或任何掠夺行为：

(1) 在公海上对另一船舶或飞机，或对另一船舶或飞机上的人或财物；

(2) 在任何国家管辖范围以外的地方对船舶、飞机、人或财物；

(b) 明知船舶或飞机成为海盗船舶或飞机的事实，而自愿参加其活动的任何行为；

(c) 教唆或故意便利 (a) 或 (b) 项所述行为的任何行为。

第一〇二条 军舰、政府船舶或政府飞机由于其船员或机组成员发生叛变而从事的海盗行为

军舰、政府船舶或政府飞机由于其船员或机组成员发生叛变并控制该船舶或飞机而从事第一〇一条所规定的海盗行为，视同私人船舶或飞机所从事的行为。

第一〇三条 海盗船舶或飞机的定义

如果处于主要控制地位的人员意图利用船舶或飞机从事第一〇一条所指的各项行为之一，该船舶或飞机视为海盗船舶或飞机。如果该船舶或飞机曾被用以从事任何这种行为，在该船舶或飞机仍在犯有该行为的人员的控制之下时，上述规定同样适用。

第一〇四条 海盗船舶或飞机国籍的保留或丧失

船舶或飞机虽已成为海盗船舶或飞机，仍可保有其国籍。国籍的保留或丧失由原来给予国籍的国家的法律予以决定。

第一〇五条 海盗船舶或飞机的扣押

在公海上，或在任何国家管辖范围以外的任何其他地方，每个国家均可扣押海盗船舶或飞机或为海盗所夺取并在海盗控制下的船舶或飞机，和逮捕船上或机上人员并扣押船上或机上财物。扣押国的法院可判定应处的刑罚，并可决定对船舶、飞机或财产所应采取的行动，但受善意第三者的权利的限制。

第一〇六条 无足够理由扣押的赔偿责任

如果扣押涉有海盗行为嫌疑的船舶或飞机并无足够的理由，扣押国应向船舶或飞机所属的国家负担因扣押而造成的任何损失或损害的赔偿责任。

第一〇七条 由于发生海盗行为而有权进行扣押的船舶和飞机

由于发生海盗行为而进行的扣押，只可由军舰、军用飞机或其他有清楚标志可以识别的为政府服务并经授权扣押的船舶或飞机实施。

第一〇八条 麻醉药品或精神调理物质的非法贩运

1. 所有国家应进行合作，以制止船舶违反国际公约在海上从事非法贩运麻醉药品和精神调理物质。

2. 任何国家如有合理根据认为一艘悬挂其旗帜的船舶从事非法贩运麻醉药品或精神调理物质，可要求其他国家合作，制止这种贩运。

第一〇九条 从公海从事未经许可的广播

1. 所有国家应进行合作，以制止从公海从事未经许可的广播。

2. 为本公约的目的，“未经许可的广播”是指船舶或设施违反国际规章在公海上播送旨在使公众收听或收看的无线电传音或电视广播，但遇难呼号的播送除外。

3. 对于从公海从事未经许可的广播的任何人，均可向下列国家的法院起诉：

(a) 船旗国；

(b) 设施登记国；

(c) 广播人所属国；

(d) 可以收到这种广播的任何国家；或

(e) 得到许可的无线电通信受到干扰的任何国家。

4. 在公海上按照第3款有管辖权的国家，可依照第一一〇条逮捕从事未经许可的广播的任何人或船舶，并扣押广播器材。

第一一〇条 登临权

1. 除条约授权的干涉行为外，军舰在公海上遇到按照第九十五和第九十六条享有完全豁免权的船舶以外的外国船舶，非有合理根据认为有下列嫌疑，不得登临该船：

（a）该船从事海盗行为；

（b）该船从事奴隶贩卖；

（c）该船从事未经许可的广播而且军舰的船旗国依据第一〇九条有管辖权；

（d）该船没有国籍；或

（e）该船虽悬挂外国旗帜或拒不展示其旗帜，而事实上却与该军舰属同一国籍。

2. 在第1款规定的情形下，军舰可查核该船悬挂其旗帜的权利。为此目的，军舰可派一艘由一名军官指挥的小艇到该嫌疑船舶。如果检验船舶文件后仍有嫌疑，军舰可进一步在该船上进行检查，但检查须尽量审慎进行。

3. 如果嫌疑经证明为无根据，而且被登临的船舶并未从事嫌疑的任何行为，对该船舶可能遭受的任何损失或损害应予赔偿。

4. 这些规定比照适用于军用飞机。

5. 这些规定也适用于经正式授权并有清楚标志可以识别的为政府服务的任何其他船舶或飞机。

第一一一条 紧追权

1. 沿海国主管当局有充分理由认为外国船舶违反该国法律和规章时，可对该外国船舶进行紧追。此项追逐须在外国船舶或其小艇之一在追逐国的内水、群岛水域、领海或毗连区内时开始，而且只有追逐未曾中断，才可在领海或毗连区外继续进行。当外国船舶在领海或毗连区内接获停驶命令时，发出命令的船舶并无必要也在领海或毗连区内。如果外国船舶是在第三十三条所规定的毗连区内，追逐只有在设立该区所保护的权利遭到侵犯的情形下才可进行。

2. 对于在专属经济区内或大陆架上，包括大陆架上设施周围的安全地带内，违反沿海国按照本公约适用于专属经济区或大陆架包括这种安全地带的法律和规章的行为，应比照适用紧追权。

3. 紧追权在被追逐的船舶进入其本国领海或第三国领海时立即终止。

4. 除非追逐的船舶以可用的实际方法认定被追逐的船舶或其小艇之一或作为一队进行活动而以被追逐的船舶为母船的其他船艇是在领海范围内，或者，根据情况，在毗连区或专属经济区内或在大陆架上，紧追不得认为已经开始。追逐只有在外国船舶视听所及的距离内发出视觉或听觉的停驶信号后，才可开始。

5. 紧追权只可由军舰、军用飞机或其他有清楚标志可以识别的为政府服务并经授权紧追的船舶或飞机行使。

6. 在飞机进行紧追时：

（a）应比照适用第1至第4款的规定；

（b）发出停驶命令的飞机，除非其本身能逮捕该船舶，否则须其本身积极追逐船舶直至其所召唤的沿海国船舶或另一飞机前来接替追逐为止。飞机仅发现船舶犯法或有犯法嫌疑，如果该飞机本身或接着无间断地进行追逐的其他飞机或船舶既未命令该船停驶也未进行追逐，则不足以构成在领海以外逮捕的理由。

7. 在一国管辖范围内被逮捕并被押解到该国港口以便主管当局审问的船舶，不得仅以其在航行中由于情况需要而曾被押解通过专属经济区的或公海的一部分为理由而要求释放。

8. 在无正当理由行使紧追权的情况下，在领海以外被停驶或被逮捕的船舶，对于可能因此遭受的任何损失或损害应获赔偿。

第一一二条 铺设海底电缆和管道的权利

1. 所有国家均有权在大陆架以外的公海海底上铺设海底电缆和管道。

2. 第七十九条第5款适用于这种电缆和管道。

第一一三条 海底电缆或管道的破坏或损害

每个国家均应制定必要的法律和规章，规定悬挂该国旗帜的船舶或受其管辖的人故意或因重大疏忽而破坏或损害公海海底电缆，致使电报或电话通信停顿或受阻的行为，以及类似的破坏或损害海底管道或高压电缆的行为，均为应予处罚的罪行。此项规定也应适用于故意或可能造成这种破坏或损害的行为。但对于仅为了保全自己的生命或船舶的正当目的而行事的人，在采取避免破坏或损害的一切必要预防措施后，仍然发生的任何破坏或损害，此项规定不应适用。

第一一四条 海底电缆或管道的所有人对另一海底电缆或管道的破坏或损害

每个国家应制定必要的法律和规章，规定受其管辖的公海海底电缆或管道的所有人如果在铺设或修理该项电缆或管道时使另一电缆或管道遭受破坏或损害，应负担修理的费用。

第一一五条 因避免损害海底电缆或管道而遭受的损失的赔偿

每个国家应制定必要的法律和规章，确保船舶所有人在其能证明因避免损害海底电缆或管道而牺牲锚、网或其他渔具时，应由电缆或管道所有人予以赔偿，但须船舶所有人事先曾采取一切合理的预防措施。

第二节 公海生物资源的养护和管理

第一一六条 公海上捕鱼的权利

所有国家均有权由其国民在公海上捕鱼，但受下列限制：

（a）其条约义务；

（b）除其他外，第六十三条第2款和第六十四至第六十七条规定的沿海国的权利、义务和利益；和

（c）本节各项规定。

第一一七条 各国为其国民采取养护公海生物资源措施的义务

所有国家均有义务为各该国国民采取，或与其他国家合作采取养护公海生物资源的必要措施。

第一一八条 各国在养护和管理生物资源方面的合作

各国应互相合作以养护和管理公海区域内的生物资源。凡其国民开发相同生物资源，或在同一区域内开发不同生物资源的国家，应进行谈判，以期采取养护有关生物资源的必要措施。为此目的，这些国家应在适当情形下进行合作，以设立分区域或区域渔业组织。

第一一九条 公海生物资源的养护

1. 在对公海生物资源决定可捕量和制订其他养护措施时，各国应：

(a) 采取措施，其目的在于根据有关国家可得到的最可靠的科学证据，并在包括发展中国家的特殊要求在内的各种有关环境和经济因素的限制下，使捕捞的鱼种的数量维持在或恢复到能够生产最高持续产量的水平，并考虑到捕捞方式、种群的相互依存以及任何一般建议的国际最低标准，不论是分区域、区域或全球性的；

(b) 考虑到与所捕捞鱼种有关联或依赖该鱼种而生存的鱼种所受的影响，以便使这种有关联或依赖的鱼种的数量维持在或恢复到其繁殖不会受严重威胁的水平以上。

2. 在适当情形下，应通过各主管国际组织，不论是分区域、区域或全球性的，并在所有有关国家的参加下，经常提供和交换可获得的科学情报、渔获量和渔捞努力量统计，以及其他有关养护鱼的种群的资料。

3. 有关国家应确保养护措施及其实施不在形式上或事实上对任何国家的渔民有所歧视。

第一二〇条 海洋哺乳动物

第六十五条也适用于养护和管理公海的海洋哺乳动物。

第八部分 岛屿制度

第一二一条 岛屿制度

1. 岛屿是四面环水并在高潮时高于水面的自然形成的陆地区域。

2. 除第3款另有规定外，岛屿的领海、毗连区、专属经济区和大陆架应按照本公约适用于其他陆地领土的规定加以确定。

3. 不能维持人类居住或其本身的经济生活的岩礁，不应有专属经济区或大陆架。

第九部分 闭海或半闭海

第一二二条 定义

为本公约的目的，“闭海或半闭海”是指两个或两个以上国家所环绕并由一个狭窄的出口连接到另一个海或洋，或全部或主要由两个或两个以上沿海国的领海和专属经济区构成的海湾、海盆或海域。

附件二 大陆架界限委员会

第一条

按照第七十六条的规定，应依本附件以下各条成立一个二百海里以外大陆架界限委员会。

第二条

1. 本委员会应由二十一名委员组成，委员应是地质学、地球物理学或水文学方面的专家，由本公约缔约国从其国民中选出，选举时应妥为顾及确保公平地区代表制的必要，委员应以个人身份任职。

2. 初次选举应尽快举行，无论如何应在本公约生效之日后十八个月内举行。联合国秘书长应在每次选举之日前至少三个月发信给各缔约国，邀请它们在进行适当的区域协商后于三个月内提出候选人。秘书长应依字母次序编制所有候选人的名单，并将名单提交所有缔约国。

3. 委员会委员的选举应由秘书长在联合国总部召开缔约国会议举行。在该次会议上，缔约国的三分之二应构成法定人数，获得出席并参加表决的缔约国代表三分之二多数票的候选人应当选为委员会委员。从每一地理区域应至少选出三名委员。

4. 当选的委员会委员任期五年，连选可连任。

5. 提出委员会委员候选人的缔约国应承担该委员在执行委员会职务期间的费用。有关沿海国应承担为提供本附件第三条第 1 款（b）项所指的咨询意见而引起的费用。委员会秘书处应由联合国秘书长提供。

第三条

1. 委员会的职务应为：

（a）审议沿海国提出的关于扩展到二百海里以外的大陆架外部界限的资料和其他材料，并按照第七十六条和一九八〇年八月二十九日第三次联合国海洋法会议通过的谅解声明提出建议；

（b）经有关沿海国请求，在编制（a）项所述资料时，提供科学和技术咨询意见。

2. 委员会可在认为必要和有用的范围内与联合国教科文组织的政府间海洋学委员会、国际水文学组织及其他主管国际组织合作，以求交换可能有助于委员会执行职务的科学和技术情报。

第四条

拟按照第七十六条划定其二百海里以外大陆架外部界限的沿海国，应将这种界限的详情连同支持这种界限的科学和技术资料，尽早提交委员会，而且无论如何应于本公约对该国生效后十年内提出。沿海国应同时提出曾向其提供科学和技术咨询意见的委员会内任何委员的姓名。

第五条

除委员会另有决定外，委员会应由七名委员组成的小组委员会执行职务，小组委员会委员应以平衡方式予以任命，同时考虑到沿海国提出的每一划界案的具体因素。为已提出划界案的沿海国国民的委员会委员，或曾提供关于划界的科学和技术咨询意见以协助该国的委员会委员，不得成为处理该案的小组委员会委员，但应有权以委员身份参与委员会处理该案的程序。向委员会提出划界案的沿海国可派代表参与有关的程序，但无表决权。

第六条

1. 小组委员会应将其建议提交委员会。
2. 小组委员会的建议应由委员会以出席并参加表决的委员三分之二多数核准。
3. 委员会的建议应以书面递交提出划界案的沿海国和联合国秘书长。

第七条

沿海国应依第七十六条第8款的规定并按照适当国家程序划定大陆架的外部界限。

第八条

在沿海国不同意委员会建议的情形下，沿海国应于合理期间内向委员会提出订正的或新的划界案。

第九条

委员会的行动不应妨害海岸相向或相邻国家间划定界限的事项。

该《技术手册》附录2《联合国海洋法公约》相关部分内容（第一至第九部分、附件二）与联合国网站中文版保持一致（网址：https：//www. un. org/zh/documents/treaty/files/UNCLOS-1982. shtml）。如有疑义，请以《联合国海洋法公约》的权威文本为准。

附录3 参考文献

该书目代表了与海洋法技术手册中所述主题相关的文献样本。条目根据其内容范围进行分类：常规条目（用G表示）包括专著、广泛调查和审查、会议记录、历史和技术专题汇编、概要以及广泛感兴趣的相关主题。章节具体条目（有指定相关章节编号）请参考海洋法技术手册的章节，一些主题有详细描述，其中一些条目也适用于一般类别，因此也列出了这些条目。

参考文献	范围
Adede A O, 1979. Toward the Formation of the Role of Delimitation of Sea Boundaries between States with Adjacent or Opposite Coasts. Virginia Journal of International Law, 19 (2): 207-255.	6
Antunes N M, 2003. Towards the Conceptualisation of Maritime Delimitation. Publications on Ocean Development, Volume 42, Martinus Nijhoff.	4, 5, 6
Aust A, 2000. Modern Treaty Law and Practice. Cambridge University Press.	G
Baeschlin C F, 1948. Lehrbruch der Geodäsie. Orell Fuessli Verlag, Zurich.	2
Baram M S, Lee W, Rice D. Maritime Boundaries: A Geographical and Technical Perspective.	4, 5, 6
Beazley P B, 1987. Maritime Limits and Baselines: a guide to their Delimitation. London, the Hydrographic Society, 3rd ed.	4, 5, 6
Beazley P B, 1986. Developments in Maritime Delimitation. Hydrog. Jour., (39): 5-9.	4, 5, 6
Beazley P B, 1978. Marine mining of the continental shelf: legal, technical and environmental considerations. Cambridge, Massachusetts, Ballinger, 301 pp. ISBN 0-88410-616-0.	G, 5, 6
Beazley P B, 1979. Half-Effect Applied to Equidistance Lines. Int. Hydrog. Rev. LVI (1) Jan., pp. 153-160.	6
Bernaerts A, 1988. Bernaert's Guide to the 1982 United Nations Convention of the Law of the Sea. Fairplay Publications Ltd. Coulsdon, Surrey, England. ISBN 1 870093 151.	G
Bisnath S, Gao Y, 2009. Current state of precise point positioning and future prospects and limitations. Observing our changing Earth, International Association of Geodesy Symposia 133, Springer-Verlag, Berlin, Heidelberg, 615-623.	2
Blake G, 1987. Maritime Boundaries and Ocean Resources. Durham.	5, 6
Bouchez L J, 1964. The Régime of Bays in International Law. The Hague.	4
Bouchez L J, 1987. Law of the Sea Zones in the Pacific Ocean. Institute of Asian Affairs, Hamburg, Germany.	4, 5, 6
Bowett D W, 1978. The Legal Regime of Islands in International Law. New York.	4, 5

续表

参考文献	范围
Brown E D, 1971. Delimiting the Continental Shelf Between Opposite and Adjacent States: The North Sea Continental Shelf Cases (Chapter 2). The Legal Regime of Hydrospace, London : Stevens & Sons.	4, 5, 6
Brown E D, 1977. Continental Shelf and the EEZ: Problems of Delimitation at UNCLOS Ⅲ. Marine Policy and Management, 377-408.	4, 5, 6
Brown E D, 1983. The Tunisia-Libya continental shelf case, a missed opportunity. Marine Policy, July, pp. 142-162.	4, 5, 6
Burmester H, 1982. Torres Strait: Ocean Boundary Delimitation by Agreement. AJIL, 76: 321-349.	4, 5, 6
Buzan B, 1976. Seabed politics. New York: Praeger Publishers, 311. (Praeger Special Studies in International Politics and Government) ISBN 0-275-22850-9.	G
Carleton C M, Schofield C H, 2001. Developments in the Technical Determination of Maritime Space: Charts, Datums, Baselines, Maritime Zones and Limits. International Boundaries Research Unit, University of Durham, Maritime Briefing, 3 (3).	3, 4, 5, 6
Carleton C M, Schofield C H, 2002. Developments in the Technical Determination of Maritime Space: Delimitation, Dispute Resolution, Geographical Information Systems and the Role of the Technical Expert. International Boundaries Research Unit, University of Durham, Maritime Briefing, 3 (4).	3, 4, 5, 6
Caron D D, Scheiber H N, 2004. Bringing New Law to Ocean Waters. Publications on Ocean Development Volume 47, Martinus Nijhoff.	G
Carrera G, 1987. A Method for the Delimitation of an Equidistant Boundary Between Coastal States on the Surface of a Geodetic Ellipsoid. Int. Hydrog. Rev., Vol. LXIV, 1st ed. pp. 147.	2, 6
Carrera G, 1989. DELMAR: A Computer Program Library for the Delimitation of International Maritime Boundaries. International Centre for Ocean Development, Halifax, NS, Canada.	5, 6
Charney J, 1984. Ocean Boundaries Between Nations: A Theory for Progress. AJIL, 78 (3): 582-606.	G, 6
Charney J I, Alexander L M, 1998. International Maritime Boundaries Vols Ⅰ, Ⅱ & Ⅲ. The American Society of International Law, Martinus Nijhoff, Vols Ⅰ & Ⅱ 1993, Vol Ⅲ.	G, 5, 6
Charney J I, Smith R W, 2002. International Maritime Boundaries Vol IV. The American Society of International Law, Martinus Nijhoff.	G, 5, 6
Churchill R R, Lowe A V, 1989. The Law of the Sea (2nd edition). Manchester University Press.	G
Churchill R R, Lay S H, Nordquist M, et al., 1973. New Directions in the Law of the Sea. BIICL, London.	G
Clarke R B, 1987. The waters around the British Isles: their conflicting users. Oxford.	G
Colombos C J, 1967. The International Law of the Sea. David McKay Co. Inc. New York, 6th ed.	G
Conforti B, Francalanci G P, 1979-1987. Atlante dei confini sottomarini. Guiffre Ed., Milano.	G
Cook P J, Carleton C M, 2000. Continental Shelf Limits: The Scientific and Legal Interface. Oxford University Press.	5

续表

参考文献	范围
Cooper J, 1986. Delimitation of the Maritime Boundary in the Gulf of Maine Area. Ocean Development and International Law, 16 (1).	6
Court of Arbitration, 1977. The United Kingdom of Great Britain and Northern Ireland and the French Republic: Delimitation of the Continental Shelf. Geneva.	5
Dallmeyer D G, Devorsey J L, 1989. Rights to Ocean Resources. Martinus Nijhoff, Dordrecht, The Netherlands.	G
Danielson J, 1989. The area under the geodesic. Survey Review, 30 (232): 61-66.	2
Denyer-Green B, 1986. Libya And Tunisia Go To Court Over Boundary. Vol. 4, L & M S, pp. 146-150.	6
EGM2008. Earth Gravitational Model 2008, http://earth-info.nga.mil/GandG/wgs84/gravitymod/egm2008/index.html, accessed March 2012.	2
Eustis F. Method and Basis of Seaward Delimitation of Continental Shelf Jurisdiction. Va. J. of Int'l Law, 17: 1, 107-30.	5
Evensen J, 1952. The Anglo-Norwegian Case and its Legal Consequences. 46 AJIL, pp. 609-630.	6
Extavour W C, 1981. The Exclusive Economic Zone: A Study of the Evolution and Progressive Development of International Law of the Sea. Institut Universitaire de Hautes EtudesInternationales, Geneva.	G, 5
Feldman M, Colson D, 1981. The Maritime Boundaries of the US. AJIL, 75 (4): 729-763.	G, 5, 6
Forbes V L, 1995. The Maritime Boundaries of the Indian Ocean Region. Singapore University Press.	G, 5, 6
Forbes V L, 2001. Conflict and Co-operation in Managing Maritime Space in Semi-enclosed Seas. Singapore University Press.	G
Francalanci, Scovazzi T, 1994. Lines In The Sea. Springer.	G, 5, 6
Francalanci G, Romano D, Scovazzi T, 1986. Atlas of Straight Baselines Part 1: Art. 7. Guiffré Editore, Milano.	G, 4
Francalanci G P, 1990. Geological Interpretation of Article 76 of the UNCLOS. BHI, SP-56.	5
Francalanci G P, Spanio F, 1989. La Convenzione delle Nazioni Unite sul Diritto del Mare. Istituto Idrografico della Marina, Genova.	G
Gardiner P R R, 1978. Reasons and Methods for Fixing the Outer Limit of the Legal Continental Shelf Beyond 200 Nautical Miles. Revue Iranienne des Relations Internationales 11-12, Spring, pp. 145-177.	5
Geoscience Australia (2011) GDA94, http://www.ga.gov.au/earth-monitoring/geodesy/geodetic-datums/GDA.html.	2
Gillissen I, 1994. Area Computations Of A Polygon On An Ellipsoid. Survey Review, 32 (248): 92-98.	2
Glahn Von G, 1965. Law among Nations. The Macmillan Co., New York.	G
Gold E, 1981. Maritime transportation: The evolution of International marine policy and shipping law. Lexington, Massachusetts Lexington Books, 425 pp. ISBN 0-669-04338-9.	G
Gold E, 1988. A New Law of the Sea for the Caribbean. Springer-Verlag, New York.	G

续表

参考文献	范围
Governments of Iceland and Norway, 1981. Report and Recommendations to the Governments of Iceland and Norway of the Conciliatory Commission on the Continental Shelf area between Iceland and Jan Mayen. Washington.	6
Gray D H, 1985. Verifying the Gulf of Maine Computations. Lighthouse, 32nd ed. Ottawa, Canada.	6
Grejner-Brzezinska D, Rizos C, 2009. Satellite-based geodesy. In McGraw-Hill Yearbook of Science and Technology, McGraw-Hill, Inc., 331-334.	2
Grundy-Warr C, 1990. International Boundaries and Boundary Conflict Resolution. International Boundaries Research Unit, University of Durham.	G
Guy N R. The relevance of non-Legal Technical and Scientific Concepts in the Interpretation and Application of the Law of the Sea.	G
Hedberg H D, 1979. Ocean Floor Boundaries. Science, 204 (13): 135-204.	G, 5, 6
Helmert F R, 1961. Die matematischen und physikalischen Theorien der höheren Geodäsie. Teubner, Leipzig. 1880/1884. Reprint Minerva GmbH, Frankfurt.	2
Hill M N, 1962. The Sea (Vol. 1). Wiley Interscience.	G
Hildreth R W J, 1983. Ocean and Coastal Law. Englewood Cliffs, N. J., Prentice-Hall, xxiv, 514 p., ISBN 0-13-629204-6.	G
Hirtle R W M. Preliminary Condensed Report on the Determination of Base of Slope Using Hydrographic Data and Computer-assisted Graphic Analysis. Unpublished.	5
Hodgson R D. Maritime Limits and Boundaries. Marine Geodesy, 1 (2): 155-163.	G, 4, 5, 6
Hodgson R D. Islands: Normal and Special Circumstances. INR Research Study No. 3.	G, 4, 5, 6
Hodgson R D, Alexander L M, 1972. Towards an Objective Analysis of Special Circumstances Rivers, Coastal and Oceanic Archipelagos and Atolls. Law of the Sea Institute, University of Rhode Island, Occasional Paper, (13): 45-52.	G, 4, 5, 6
Hodgson R D, Cooper J E, 1976. The Technical Delimitation of a Modern Equidistant Boundary. Ocean Development and International Law Jour., 3 (4): 361-388.	6
Hodgson R D, Smith R W, 1976. The Informal Single Negotiating Text (Committee Ⅱ): A Geographical Perspective. Ocean Dev. and Int. Law Jour., 3 (3): 225-259.	G
Hodgson R D, Smith R W, 1979. Boundary Issues Created by Extended National Marine Jurisdiction. The Geographical Review, 69: 423-433.	G, 5, 6
Hofmann-Wellenhof B, Lichtenegger H, Collins J, 2001. GPS, Theory and Practice. Springer-Verlag. 5th edition.	G, 2
Hofmann-Wellenhof B, Lichtenegger H, Wasle E, 2008. GNSS Global Navigation Satellite Systems: GPS, GLONASS, Galileo, and More, Springer Verlag, Wien New York, ISBN 978-3-211-73012-6, 516pp.	2

续表

参考文献	范围
Hollick A L U S, 1983. Foreign Policy and the Law of the Sea. Princeton, Princeton University Press. Lexington, Mass., Lexington Books, 207 pp. ISBN 0-669-06146-8.	G
Hunt L M, Groves D G, Editors. A Glossary of Ocean Science and Undersea Technology Terms. Compass Publications, Inc., Arlington, VA.	G
Hyde C C, 1918. International Rivers. US Department of State, House Inquiry Handbook, No. 16, Washington, Government Printing Office.	G
Hydrographer of the Navy, 1979. The Mariners' Handbook. Taunton.	G
IAG. International Association of Geodesy, http://www.iag-aig.org/, accessed March 2012.	2
IERS. International Earth Rotation and Reference Systems Service, http://www.iers.org, accessed March 2012.	2
Ihde J, 2007. Conventions for the definition and realization of a conventional vertical reference system (CVRS). IAG Inter-Commission Project ICP1. 2: Vertical Reference Frames. Presented at the XXIV General Assembly of the IUGG, Perugia, Italy, July 2 – 13, 25 p. http://whs.dgfi.badw.de/fileadmin/user_upload/CVRS_conventions_final_20070629.pdf.	2
International Court of Justice, 1984. Case concerning the Continental Shelf (Malta/Libyan Arab Jamahiriya). The Hague.	6
International Court of Justice, 1985. Definition of the Maritime Boundary in the Gulf of Maine Area (Canada/U. S. A.). Judgment, The Hague.	6
International Court of Justice, 1969. The North Sea Continental Shelf Case, Reports of Judgements Advisory Opinion and Orders. The Hague.	6
International Court of Justice, 1982. Continental Shelf–Tunisia/Libyan Arab Jamahiriya. Judgement, The Hague.	6
International Court of Justice, 2002. Land and Maritime Boundary between Cameroon and Nigeria: Equatorial Guinea intervening. Judgement, The Hague.	6
International Court of Justice, 2001. Maritime Delimitation and Territorial Questions between Qatar and Bahrain. Judgement, The Hague.	6
International Court of Justice, 1995. Maritime Delimitation between Guinea-Bissau and Senegal. Judgement, The Hague.	6
International Court of Justice, 1993. Maritime Delimitation in the Area between Greenland and Jan Mayen. Judgement, The Hague.	6
International Court of Justice, 1982. Continental Shelf (Tunisia/Libyan Arab Jamahiriya). Judgement, The Hague.	6
International Court of Justice, 1978. Aegean Sea Continental Shelf (Greece/Turkey). Judgement, The Hague.	6

续表

参考文献	范围
International Court of Justice, 1950. Fisheries (United Kingdom/Norway). Judgment, The Hague.	5, 6
International Court of Justice, 1992. Land, Island and Maritime Frontier Dispute (El Salvador/Honduras: Nicaragua intervening. The Judgement.	6
International Hydrographic Organization. Chart Specifications of the IHO. MP-004, Monaco.	3
International Hydrographic Organization. Hydrographic Dictionary. Special Public. No. 32 Monaco.	3
International Hydrographic Organization & Intergovernmental Oceanographic Commission. Standardization of Undersea Feature Names. IHO/IOC BP-006, Monaco, 1989.	3
Ihde J, 2007. Conventions for the definition and realization of a conventional vertical reference system (CVRS). IAG Inter-Commission Project ICP1. 2: Vertical Reference Frames. Presented at the XXIV General Assembly of the IUGG, Perugia, Italy, July 2 - 13, 25 p. http: //whs. dgfi. badw. de/fileadmin/user_upload/CVRS_conventions_final_20070629. pdf.	2
ITRF2008. ITRF 2008, http: //itrf. ensg. ign. fr/ITRF_solutions/2008, accessed March 2012.	2
Jagota S P, 1985. Maritime Boundary. Martinus Nijhoff, Dordrecht, The Netherlands.	G
Johnston D M, 1988. The Theory and History of Ocean Boundary Making. McGill-Queen's University Press.	G, 4, 5, 6
Jones S B, 1945. Boundary-Making, A Handbook for Statesmen, Treaty-Editors and Boundary Commissioners. Carnegie Endowment for International Peace. Washington, D. C.	G
Kapoor D C, 1976. The Delimitation of Exclusive Economic Zones. Marine Policy and Management, Vol. 4.	G, 4, 5
Kennedy R H, 1958. Brief Remarks on Median Lines and Lines of Equidistance and on the Methods used in their Construction. Provided to the U. K. delegation of the Law of the Sea Conference.	G, 6
Kerr A J, Kapoor D C, 1986. A Guide to Maritime Boundary Delimitation. Carswell, Toronto, Canada.	G, 4, 5, 6
Kerr A J, Keen M J, 1985. Hydrographic and Geologic Concerns of Implementing Article 76. Int. Hydrog. Rev. LXII (I), pp. 139-148.	5
Kimerling J, 1984. Area computation from geodetic coordinates on the spheroid. Surveying and Mapping, 44 (4): 343-351.	2
Kraus K, 2007. Photogrammetry-Geometry from images and laser scans. Walter de Gruyter, Berlin.	6
Kyosti H, 1929. Questions juridiques surgies lors de la révision de la frontière finlandaise entrele golfe de Bothnie et l'océan Glacial. Fennia, 49: 1-46.	6
Lambeck K, 1988. Geophysical Geodesy: the slow deformation of the Earth. Oxford: Clarendon Press: 740.	2
Leick A, 2004. GPS satellite surveying. John Wiley and Sons, Inc., Hoboken, New Jersey, 435pp.	G, 2
McCarthy D D, G Petit, 2003. IERS Conventions IERS Technical Note No. 32, http: //www. iers. org/nn_11216/IERS/EN/Publications/TechnicalNotes/tn32. html.	2
Macnab Ron, 2008. Submarine Elevations and Ridges: Wild Cards in the Poker Game of UNCLOS Article 76. Ocean Development and International Law, 39: 233-234.	5

续表

参考文献	范围
Macnab R Mukherjee, P K Buxton R, 1987. The 1982 U. N. Convention on the Law of the Sea and the Outer Limit of the Continental Shelf: Some Practical Difficulties for Wide-Margin States. OCEANS 87 Conference Proceedings, Halifax, Canada.	5
Mailing D H, 1992. Coordinate Systems and Map Projections. Pergamon Press. 2nd edition.	2, 3
Miyoshi M, 1999. The Joint Development of Offshore Oil and Gas in Relation to Maritime Boundary Delimitation. International Boundaries Research Unit, University of Durham, Maritime Briefing, 2 (5).	G
Moritz H. Geodetic Reference System 1980. The Geodesist's Handbook, Journal of Geodesy, 74: 128-133.	2
NavCen U S, 2012. Coast Guard Navigation Center home page http://www.navcen.uscg.gov.	2
Newby P, 2012. Photogrammetric Terminology: Second Edition. The Photogrammetric Record, 27 (139): 360-386.	6
Nichols S, 1982. The Gulf of Maine Boundary: Reviewing the Issues. Occasional Paper No. 12, University of New Brunswick, Dept. of Surveying Engineering, Fredericton, N. B., Canada.	G, 3
Nordquist M H, 1985-2002. Series Editor in Chief. United Nations Convention on the Law of the Sea 1982: A Commentary Vols Ⅰ-Ⅵ. Center of Oceans Law and Policy, University of Virginia, School of Law, Martinus Nijhoff.	G
Nordquist M H, Norton Moore J, Heidar T H, 2004. Legal and Scientific Aspects of Continental Shelf Limits. Martinus Nijhoff.	5
O'Connell D P, 1982. The International Law of the Sea, Vols Ⅰ & Ⅱ. Clarendon Press, Oxford.	G
Oda S, 1977. The Law of the Sea in Our Time. The U. N. Seabed Committee 1968-1973, Vol. 1, New Development.	G
Oude Elferink A G, Rothwell D R, 2004. Oceans Management in the 21st Century: Institutional Frameworks and Responses. Publications on Ocean Development, Volume 44, Koninklijke Brill NV.	G
Pan M, Sjöberg L E, 1993. Baltic Sea Level project with GPS. Bulletin Géodésique, 67, pp. 51-59.	2, 3
Pearson F, 1990. Map Projections. Theory and applications. CRC Press, Boca Raton, Fla., USA.	2, 3
Prescott J R V. An Analysis of the Geographic Terms in the United Nations Conventionon the Law of the Sea. Unpublished document of the Government of Australia.	G
Prescott J R V, Schofield C H, 2005. The Maritime Political Boundaries of the World. Martinus Nijhoff.	4, 5, 6
Prescott J R V, 1975. The Political Geography of the Oceans. David & Charles Ltd., Newton Abbott.	G
Prescott J R V, 1987. Political Frontiers and Boundaries. Melbourne.	G
Prescott J R V, 1986. Delimitation of Marine Boundaries by Baselines. Marine Policy Reports, Vol. 8, No. 3, University of Delaware.	4, 5, 6
Reed M W, 2000. Shore and Sea Boundaries, Volume 3. US Government Printing Office.	4, 5, 6
Renouf J K, 1988. Canada's Unresolved Maritime Boundaries. University of New Brunswick, Dept. of Surveying Engineering, Technical Report No. 134, Fredericton, N. B., Canada.	6

续表

参考文献	范围
Rhee Sang-Myon, 1981. Equitable Solution to the Maritime Boundary Dispute… Gulf of Maine. AJIL, 75: 590-628.	6
Rice C M, 1957. Dictionary of Geologic Terms. Edward Bros., Inc., Ann Harbor, Michigan.	G
Richardus P, 1984. Project surveying. Ed. A A Balkema, Rotterdam and Boston, 628 pp.	3
Rizos C, 2010a. Making sense of the GNSS techniques. Chapter 11 in Manual of Geospatial Science and Technology, 2nd ed., J Bossler, J B Campbell, R McMaster and C Rizos (eds.), Taylor and Francis Inc., 648 pp.	2
Rizos C, 2010b. GPS, GNSS and the future. Chapter 15 in Manual of Geospatial Science and Technology, 2nd ed., J. Bossler, J B Campbell, R McMaster and C Rizos (eds.), Taylorand Francis Inc., 648 pp.	2
Rizos C, Grejner-Brzezinska D, 2009. Geodesy and surveying. Chapter 14 in GNSS Applications and Methods, Gleason S and D Gebre-Egziabher (eds.), Artech House, Boston, London, 508 pp.	2
Roach J A, Smith R W, 1996. United States Responses to Excessive Maritime Claims. Publications on Ocean Development, Volume 27, Martinus Nijhoff.	G
Ruffman A, Ault I T, Vanderzwaag D, 1988. Legal jurisdiction over the Titanic. Lighthouse Edition 37.	G
Sato T, Oshima S, 1988. Continental Shelf Survey Project of Japan. International Hydrographic Review LXV (1).	5
Schofield C H, Carleton C M, 2004. Technical Considerations in Law of the Sea Dispute Resolution. Ch. 12 in Oude Elferink A G and Rothwell D R (eds).	G
Schofield C H, Newman D, Drysdale A, et al., 2002. The Razor's Edge: Kluwer Law International. International Boundaries and Political Geography.	G
Seeber G. Satellite Geodesy. W. de Gruyter, Berlin, New York. 1st edition 1993; 2nd edition 2003.	2, 3
Shalowitz A L, 1962. Shore and Sea Boundaries, Vols 1 & 2. U. S. Dept. of Commerce Publication 10-1, U. S. Govt. Printing Office.	4, 5, 6
Sjöberg L E, 1999. An efficient iterative solution to transform rectangular to geodetic coordinates. ZfV 126 (9): 295-297.	2
Sjöberg L E, 2006a. New solutions to the direct and indirect geodetic problems on the ellipsoid. Zeitschrift fuer Vermessungswesen, 131: 35-29.	2
Sjöberg L E, 2006b. Determination of areas on the plane, sphere and ellipsoid. Survey Review, 38 (301): 583-593.	2
Smith R W, Colson D, 2005. International Maritime Boundaries, Vol V. The American Society of International Law, Martinus Nijhoff.	G
Smith R W, Thomas B L, 1998. Island Disputes and the Law of the Sea: An Examination of Sovereignty and Delimitation Disputes. International Boundaries Research Unit, University of Durham, Maritime Briefing Vol. 2, No. 4.	G, 4
Smith R W, 1986. Exclusive Economic Zone Claims. Dordrecht.	G, 5
Stamp D, Clark A P, 1979. A Glossary of Geographical Terms. 3rd ed. Longman Group Ltd. London.	G

续表

参考文献	范围
Stommel H, 1963. Varieties of oceanographic experience. Science 139, pp. 572-576.	G
Strohl M P, 1983. The International Laws of Bays. Martinus Nijhoff, The Hague.	G, 4
Symmons C, 1995. Some Problems Relating to the Definition of Insular Formations in International Law: Islands and Low-Tide Elevations. International Boundaries Research Unit, University of Durham, Maritime Briefing Vol. 1, No. 5.	G, 3, 4, 5, 6
Symmons C R, 1979. The Maritime Zones of Islands in International Law. Martinus Nijhoff, The Hague.	G, 4
Thamsborg M, 1974. Geodetic Hydrography as Related to Maritime Boundary Problems. Int. Hydrog. Rev., 51 (1): 157-173.	2, 3, 4
Thamsborg M, 1971. Notes on Hydrographic Assistance to the Solution of Sea Boundary Problems. Int. Hydrog. Rev., p. 149-159.	3
Thamsborg M, 1983. On the Precise Determination of Maritime Boundaries. Unpublished manuscript; Hydrographic Office Esplanaden 19, 1263 Copenhagen, Denmark.	3, 4, 5, 6
United Nations, 1982-2004. Law of the Sea Bulletin Nos 1-54. Division for Ocean Affairs and the Law of the Sea, Office of Legal Affairs.	G
United Nations, 2000. Handbook on the Delimitation of Maritime Boundaries. Division for Ocean Affairs and the Law of the Sea, Office of Legal Affairs.	G, 4, 5, 6
United Nations, 1962. Juridical Regime of Historic Waters. ILC Yearbook, 2: 1-66.	G, 4, 5, 6
United Nations, 1970. National Legislation and Treaties Relating to the Law of the Sea. Legislative Series, New York.	G
United Nations, 1983. United Nations Convention on the Law of the Sea. New York.	G
United Nations. Maritime Boundary Agreements (1970-1984). Office of Ocean Affairs and the Law of the Sea, NY, 1987, No. E. 87. V. 12 ISBN 92-1-133302-4.	G
United Nations. Baseline: An examination of the Relevant Provisions of the United Nations Convention of The Law of the Sea. New York, 1989 UN Publication E. 88. V. 5 ISBN 92-1-133308-2.	G, 4
United Nations, 1989. Annual Review of Ocean Affairs Law and Policy, Main Documents 1985-1987, Vols. Ⅰ & Ⅱ. UNIFO Publishers Inc. Sarasota, Florida.	G
United Nations. Scientific and Technical Guidelines. Commission on the Limits of the Continental Shelf. http://www. un. org/Depts/los/clcs_new/commission_documents. htm.	5
United Nations, 1976. Law of the Sea: List of Terms Relating to the Law of the Sea in Arabic, English, French, Russian and Spanish. New York.	G
United States Board on Geographic Names, 1990. Gazetteer of Undersea Features. 4th ed., Defense Mapping Agency, Washington D. C.	G
Department of Defense World Geodetic System 1984: Its Definition and Relationships with Local Geodetic Systems, NIMA Technical Report TR8350. 2, http: //earthinfo. nga. mil/GandG/publications/tr8350. 2/tr8350_2. html.	2, 3

续表

参考文献	范围
United States Department of Defense, 1990. Maritime Claims, Reference Manual. DOD 20051 – M. 2 volumes Washington, 2nd ed.	G, 4, 5, 6
United States Department of State, 1969. Limits in the Seas. Series, Washington.	G, 4, 5, 6
University of Hawaii. Proceedings of the Law of the Sea Institute. University of Hawaii Annual Conferences.	G
Vanicek P, Krakiwsky E, 1986. Geodesy, the concepts. North-Holland, Amsterdam, NY, Oxford, Tokyo, 2nd ed.	G
Walcott R I, 1972. Late quaternary vertical movements in eastern North America: Quantitative evidence of glacio-isostatic rebound. Rev. Geophys. and Space Phys., 10 (4), pp. 849–884.	G, 2, 4
Warren B A, Wunsch C, 1981. Editors Evolution of Physical Oceanography. MIT Press, Cambridge, Mass. and London.	G
Weil P. The Law of Maritime Delimitation–Reflections. Grotius Publications Ltd.	G, 4, 5, 6
Cambridge, 1989. Westerman, G. S. The Juridical Bay. Oxford, 1987.	4, 5, 6
WGS84. Department of Defense World Geodetic System 1984: Its Definition and Relationships with Local Geodetic Systems, NIMA Technical Report TR8350. 2, http://earth-info. nga. mil/GandG/publications/tr8350. 2/tr8350_2. html, accessed March 2012.	2
Wright E S. The Application of an Area-weighted Equidistance Principle to the Problem of Maritime Boundary Delimitation. Unpublished manuscript.	6

附录 4　海洋法技术问题工作组成员

以下是 1985—2002 年期间海洋法技术问题工作组成员列表，他们通过通信或亲自参加工作组会议，协助编写了《技术手册》的第一、第二和第三版：

Rear Admiral A A YUNG …………………………………………………… 阿根廷
Lt. Cdr. E RODRIGUEZ …………………………………………………… 阿根廷
Cdr. M A BOMPET …………………………………………………………… 巴西
Capt. P K MUKERJEE ………………………………………………………… 加拿大
LT. Cdr. H GORZIGLIA ……………………………………………………… 智利
Cdr. M THAMSBORG ………………………………………………………… 丹麦
Ing. en Chef CAILLIAU ………………………………………… 法国（1985/1989）
Ing. en Chef HABERT …………………………………………… 法国（1988/1989）
Ing. General A ROUBERTOU ……………………………………………… 法国（1990）
Rear Admiral G PAPATHEOFANOUS ………………………… 希腊（1985—1989）
Captain I PAPPAS …………………………………………………… 希腊（1990）
Cdr. D SENGUPTA ………………………………………………… 印度（1985—1989）
Commodore P P NANDI …………………………………………………… 印度（1990）
Rear Admiral A CIVETTA ………………………………………… 意大利（1985—1987）
Captain F SPANIO ………………………………………………… 意大利（1988—1990）
Dr. Gian Petro FRANCALANCI …………………………………… 意大利（1985—1990）
Dr. Shoichi OSHIMA ……………………………………………… 日本（1985—1989）
Mr. Shigeru KATO ………………………………………………… 日本（1989—1990）
Mr. Mario C MANASALA ………………………………………… 菲律宾（1985—1987）
Mr. W R JIMENEZ ………………………………………………… 菲律宾（1987—1990）
Commodore N R GUY ………………………………………………………… 南非共和国
Cdr. R L C HALLIDAY ……………………………………………… 英国（1985—1987）
Lt. Cdr. C M CARLETON …………………………………………… 英国（1987—1990）
Dr. R W SMITH ………………………………………………………………… 美国
Captain S V VALTCHOUK …………………………………………………… 苏联
Late Rear Admiral F L FRASER（主席） ………………… 国际海道测量局（1985—1987）
Late Mr. A J KERR（主席） ……………………………… 国际海道测量局（1987—1990）
Cdr. N N SATHAYE（秘书） ……………………………… 国际海道测量局（1985—1986）
Lt. Cdr. E H TORRES（秘书） …………………………… 国际海道测量局（1987—1988）

Lt. Cdr. F BERMEJO-BARO（秘书）…………………… 国际海道测量局（1988—1989）
Captain I A ABBASI（秘书）…………………………… 国际海道测量局（1989—1990）
Captain H P ROHDE（秘书）…………………………… 国际海道测量局（1992—1993）

除此之外，国际海道测量局指导委员会也非常感谢英国 Lt. Cdr. BEAZLEY 作为海道测量局顾问所作出的贡献，以及国际大地测量协会特别研究小组的如下成员：

Dr. Petr VANICEK ……………………………………………………………… 加拿大
Mr. Galo CARRERA …………………………………………………………… 加拿大
Mr. Jack WEIGHTMAN ………………………………………………………… 英国

成立于2003年的编辑小组，编写第四版，包括：

Ron MACNAB（主席）…………………………………………………………… 加拿大
Steve SHIPMAN（秘书）……………………………………………… 国际海道测量局
Lars SJOBERG …………………………………………………………………… 瑞典
Carlo DARDENGO ……………………………………………………………… 意大利
Chris CARLETON ………………………………………………………………… 英国
Shin TANI ………………………………………………………………………… 日本

2010年成立了一个新的编辑小组，随后又增加了几次，授权编写第五版。它由以下成员以及国际海道测量组织和国际大地测量协会海洋法咨询委员会同事组成：

Neils ANDERSEN ………………………………………………………………… 丹麦
I Made Andi ARSANA …………………………………………………… 印度尼西亚
Isabelle BELMONTE ……………………………………………… 国际海道测量局
Sunil BISNATH …………………………………………………………………… 加拿大
Graeme BLICK …………………………………………………………………… 新西兰
John BROWN ……………………………………………………………………… 英国
Chris CARLETON（主席，2012—）…………………………………………… 英国
Ron MACNAB（主席，2011—2012）………………………………………… 加拿大
Chris RIZOS（主席，2010—2011）…………………………………… 澳大利亚
Clive SCHOFIELD ……………………………………………………… 澳大利亚
Steve SHIPMAN ………………………………………………… 国际海道测量局
Michael SIDERIS ………………………………………………………………… 加拿大
Sobar SUSTINA ……………………………………………………… 印度尼西亚
Shin TANI ………………………………………………………………………… 日本
Asano USUI ……………………………………………………………………… 日本
David WYATT …………………………………………………… 国际海道测量局